가자란 무엇인가

GAZA TOWA NANIKA: PALESTINE WO SHIRU TAMENO KINKYU KOUGI
Copyright © Mari Oka 2023

First published in Japan in 2023 by DAIWA SHOBO Co., Ltd.
Korean translation rights arranged with DAIWA SHOBO Co., Ltd.
through BC Agency.
Korean edition copyright © 2024 by SECONDTHESIS

가자란 무엇인가
팔레스타인 문제의 역사적 맥락과 집단학살의 본질

지은이 오카 마리
옮긴이 김상운

1판 1쇄 발행 2024년 9월 20일
　 2쇄 발행 2024년 11월 15일

펴낸곳 두번째테제
펴낸이 장원
등록 2017년 3월 2일 제2017-000034호
주소 (13290) 경기도 성남시 수정구 수정북로 92, 태평동락커뮤니티 301호
전화 031-754-8804 | 팩스 0303-3441-7392
전자우편 secondthesis@gmail.com
블로그 blog.naver.com/secondthesis

ISBN 979-11-90186-41-4 03300

협력: 緊急学習会 ガザとはなにか 実行委員会(긴급학습회 가자란 무엇인가 실행위원회) / 〈パレスチナ〉を生きる人々を想う学生若者有志の会(〈팔레스타인〉에 사는 사람들을 생각하는 뜻있는 청년 학생 모임) / Independent Web Journal (IWJ)

이 책의 한국어판 저작권은 BC에이전시를 통해 저작권자와 독점 계약을 맺은 두번째테제에 있습니다. 저작권법에 의해 한국 내에서 보호를 받는 저작물이므로 무단전재와 복제를 금합니다.

책값은 뒤표지에 있습니다. 잘못된 책은 바꾸어 드립니다.

일러두기

1. 이 책은 2023년 10월 20일 교토대학에서 개최된 "긴급학습회: 가자란 무엇인가"와 동년 10월 23일 와세다대학에서 개최된 "가자를 알아보는 긴급 세미나: 인간의 부끄러움으로서" 강연을 바탕으로 일본 다이와쇼보大和書房에서 편집, 재구성해 2023년 12월 출간한 《ガザとは何か: パレスチナを知るための緊急講義》를 새로운 한국어판 서문을 포함하여 번역한 것이다.
2. 웹사이트 등의 출처를 표기한 주석 외의 추가 주석은 [옮긴이] 표시로 구분했다. 원문의 강조 표시는 굵은 글씨로 표기했으며, 이해를 돕기 위한 옮긴이의 보충은 [ ]에 넣어 구분했다. 한국어로 번역한 단어 중 필요한 경우 한자나 로마자를 병기했다.

한국어판 서문
희망으로서의, 가자

    이 책의 밑바탕이 된 긴급 강연회가 개최된 때는 가자지구에 대한 이스라엘의 공격이 시작된 지 3주가 채 안 되었을 시점이었습니다. 그 공격은 2024년 8월 1일 현재, 300일 넘도록 계속되고 있습니다. 지난 10개월 동안 230만 명의 주민 중 200만 명이 집을 잃었고, 주택의 70퍼센트가 파괴되었으며, 시신이 확인된 사망자만 3만 9450명에 달합니다. 잔해 아래에는 아직도 1만 1천 구 이상의 시신이 남아 있습니다.

    직접적인 공격만이 목숨을 앗아 가는 것은 아닙니다. 인위적으로 조성된 기아로 인해 가자지구 주민 전체가 극심한 식량난에 빠져 있으며, 특히 북부는 주민 절반이 괴멸적인 기아 상태에 놓여 있습니다. 이스라엘은 또한 병원을 공격하고 의료진을 살해하는 등 조직적으로 의료 시스

템을 파괴했습니다. 비위생적인 피난 생활로 전염병이 창궐하고 있는데도, 사람들에게는 충분한 식량과 의약품이 없으며, 만족할 만한 치료도 받지 못하고 목숨을 잃고 있습니다. 미사일에 의한 물리적 살상이 없더라도 생명이 자멸할 수밖에 없는 구조적 상황이 인위적으로 조성되었고 이러한 간접적인 죽음을 포함하면 사망자는 적게 잡아도 18만 6천 명 이상에 이르는 것으로 알려져 있습니다. 이는 가자지구 총인구의 7.9퍼센트에 해당합니다.

또한 가자지구에서 일어나고 있는 일은 인간의 대량살육에 그치는 게 아닙니다.

가자시Gaza City는 4000년의 역사를 가지고 있으며 그리스, 로마, 비잔틴, 아랍·이슬람, 오스만 제국… 등 고대부터 인류의 여러 문명의 역사가 중층적으로 엮여 직조된 땅입니다. 그 가자지구의 고대부터 이어진 이슬람 성원과 기독교 교회를 비롯한 200개 이상의 사적지와 도서관, 박물관, 문화센터 등, 가자지구의 역사를 증언하는 기록과 기억의 장소가 공격의 표적이 되어 철저하게 파괴되고 있습니다. 이것은 문화의 제노사이드입니다. 역사의 살육, 기억의 살육입니다.

인간은 역사적 존재이며, 정체성은 역사에 의해 만들어

집니다. 개인의 역사, 한 집단의 역사, 공동체의 역사…. 팔레스타인 사람들이 '팔레스타인인'이라는 정치적 주체일 수 있는 것은 팔레스타인이라는 땅의 역사를 자기 존재의 불가분한 일부로 삼고 있기 때문인데, [이스라엘은] 그 팔레스타인 사람들의 역사적 정체성의 기반이 되는 땅의 역사적 기억을 물리적으로 말소함으로써 가자지구를 역사의 진공상태로 만드는 것을 목표로 삼고 있습니다.

주택의 파괴도 그렇습니다. 집이란 단순히 비와 이슬을 막아 주는 벽과 지붕이 아닙니다. 그것은 한 집단의 집합적인 기억의 장소입니다. 특히 가자지구 주민의 70퍼센트를 차지하는 난민들에게 집이란, 1948년 이스라엘 건국에 따른 인종청소民族浄化로 고향 마을에서 쫓겨난 뒤 난민으로 가자지구에 온 이후 76년 동안 이 땅에서 어떻게 살아왔는지—난민촌에서의 텐트 생활에서 시작해 60년 가까이 이어진 점령, 두 차례에 걸친 인티파다, 16년을 넘도록 계속되는 봉쇄, 반복되는 군사 공격, 수많은 집단학살[제노사이드]—그 고난의 기억과 그때마다 그것을 이겨낸 저항의 기억 장소입니다. 그것이 잔해로 변한다는 것은 그곳에서 엮여 만들어진 한 집단의 역사, 나아가 공동체의 역사 그 자체가 산산조각 나고 파괴되어 버린다는 것입니다.

이스라엘 제5대 총리 골다 메이어의 "팔레스타인인 따위는 존재하지 않는다"라는 말처럼, 이스라엘은 팔레스타인 사람들이 팔레스타인 땅에 역사적으로 존재했다는 흔적 자체를 지우려 하고 있습니다. 가자지구에서 진행되고 있는 것은 '팔레스타인인'이라는 역사적 존재의 말살이나 다름없습니다.

일본을 비롯한 '서방' 국가의 주류 언론은 2023년 10월 7일 벌어진 하마스 주도의 월경[분리 장벽을 넘어선] 기습 공격을 아무 이유 없이 갑자기 일어난 테러인 것처럼 그리고 이스라엘의 공격을 테러에 대한 '자위' 전쟁인 것처럼 보도하고 있습니다만, 거기에는 이중 삼중의 역사 망각 혹은 은폐가 있습니다.

"하마스의 공격은 진공 속에서 생겨난 것이 아니다"라는 구테흐스 유엔 사무총장의 말대로, 역사는 10월 7일에 갑자기 시작된 것이 아닙니다. 그것에 앞서 이스라엘에 의한 인종청소와 오래 누적된 점령과 봉쇄와 아파르트헤이트 폭력의 역사가 있으며, 그 폭력하에서 팔레스타인 사람들은 80년 가까이 인권을 부정당하고, 기본적 자유를 빼앗기고, 인간성을 억압당해 왔습니다. 인간은 그 영혼의 본성상 자유를 추구합니다. 현재 가자지구에서 일어나고 있는 일은 식민지 지배의 굴레로부터 해방을 요구하는 사람들과 어떻게든 식민지 지배를 유지하기 위해 섬멸의 폭력을 행사하는 식민지주의 국가 사이의 '식민지 전쟁'이나 다름없는데도, 일본을 포함한 서방 언론의 보도는 이런 역사적 사실을 은폐하고 있습니다.

또 하나는 세계의 역사를 돌이켜보면, 반식민지 투쟁에서 피식민자 측도 학살의 폭력을 행사해 왔다는 역사적 사실의 망각입니다. 그것은 저항의 폭력이며 식민주의의 폭력이 있어야만 비로소 발생하는 것입니다. 저항의 폭력이든 뭐든, 전쟁범죄는 그것으로 심판받아야 하지만 근원에 있는 폭력(식민주의의 폭력, 점령의 폭력)을 비판하지 않고 저항의 폭력만을 비난하는 것은 몰역사적이며 정의에 반하는 것입니다. 1930년, 대만에서는 선주민 싸이더커족賽德克族에 의해 일본인 식민자가 집단학살당하는 일이 있었습니다(우서霧社 사건). 또 1932년, 만주에서는 반만주국 항일 게릴라가 푸순 탄광을 습격해 민간인이 살해당했습니다. 한데 대만 식민지 지배가 없었다면 우서 사건도 없었을 것이고 만주국 건설이 없었다면 푸순 탄광 습격도 없었을 것입니다. 마찬가지로 이스라엘에 의한 팔레스타인의 인종청소, 점령, 아파르트헤이트라는 역사적 폭력이 없었다면 10월 7일의 월경 공격도 없었을 것이고, 애초에 민족해방 조직으로서 하마스 자체가 존재하지 않았을 것입니다.

식민지 국가는 항상 피식민지의 저항 폭력에 대해 압도적인 섬멸의 폭력으로 대응해 왔습니다. 이것도 세계사가 증언하는 사실입니다. 그것은 아시아에서 일본의 역사 그 자체입니다. 이스라엘에 의한 집단학살을 비난하지 않고 하마스의 '테러'만을 목소리 높여 비판하고, 이것을 역사적 맥락 속에서 이해하려고 하는 지적 행위를 '반유대주의'라고 비난하는 나라가 자신들의 식민지주의적 침략의 역사를 반성하지 않고 있는, 과거의 제국(영국, 프랑스, 독일, 이탈리아, 일본)이나 정착민 식민지주의 나라들(미국, 캐나다, 오스트레일리아)인 것은 우연이 아닙니다.

가자지구의 집단학살은 우리가 살고 있는 이 현대 세계가 여전히 19세기와 다를 바 없는 식민주의 국가들의 카르텔에 의해 지배되고 있다는 점을 폭로했습니다. 가자지구 사람들이 대량학살을 당하고 있는 지금, 프랑스 파리에서는 '평화의 축제'를 주장하는 올림픽이 개최되고 있습니다. 이 축제 자본주의의 주역들이 유대인 지상주의의 아파르트헤이트 국가 이스라엘을 지지하고, 그 집단학살을 음으로 양으로 지원하는 자들인 것을 생각하면, 전혀 이상할 것이 없습니다. 가자지구가 21세기의 절멸수용소가 되었고, 그곳에서 지금 홀로코스트라고밖에 말할 수 없는 사태가 진행되고 있다는 것 등을 잊은 것처럼, 일본 언론은 연일 일본의 메달 개수와 색깔을 보도하며 호들갑을 떨고 있습니다. 이 나라, 이 사회에서 팔레스타인 사람의 목숨 따위는 그 정도의 가치밖에 없다고 스스로 선언하고 있는 것과 진배없는 행위입니다. 결국 올림픽이 내세우는 '평화'도 세계를 주도한다고 자칭하는 서방 국가들이 내세우는 '자유'나 '인권'이나 '민주주의'도, 과거 제국이 주야장천 노래한 '문명화의 사명'이나 '아시아의 해방'과 마찬가지로 그 내용의 불의를 덮어 감추기 위한 단순한 허울에 불과하다는 것을 잘 알 수 있습니다.

식민주의는 끝나지 않았습니다. 가자지구, 그리고 팔레스타인은 근대 500년의 유럽과 미국에 의한 전 지구적 식민주의의 역사와 인종주의의 모순들이 응집된 토포스[장소]입니다. "팔레스타인이 해방되면 세계가 해방된다"는 말이 나오는 것은 그 때문입니다.

가자지구, 이곳은 지금 인륜이 나락에 떨어졌다는 것을 가리키는 대명사가 되어 버렸습니다. 그래도 상상해 보십

시오. 현재 전 세계의 팔레스타인 연대 시위에서 내걸고 있는 구호처럼 요르단강에서 지중해까지 팔레스타인이 해방되었다면…. 차별과 억압과 살육과 파괴로 얼룩진 이 땅에서 과거의 억압자와 피억압자가 친구로, 이웃으로, 형제자매로 어깨를 나란히 하고 식탁에 둘러앉은 모습을요. 그때 팔레스타인은 세계를 비추는 등불이 될 것입니다. 그런 역사적 비전으로 세계를 본다면 '가자지구', 이곳은 우리의 '희망'의 말, 우리가 아직 본 적 없는 가장 아름다운 내일의 세계를 뜻하는 말이 되어, 역사의 불의가 바로잡히기를 요구하는 우리의 투쟁을 뒷받침할 것입니다.

> 가장 아름다운 바다는, 아직 아무도 건넌 적이 없다
> 가장 아름다운 아이는 아직 자라지 않았다
> 가장 아름다운 날들을, 우리는 아직 본 적이 없다
> 가장 아름다운, 당신에게 하고 싶은 말들을,
> 나는 아직 입에 담지 못했다
>
> _ 나즘 히크메트, 《타란타 바부에게 보내는 편지》에서

'절망'의 대명사인 '가자지구'를 '희망'으로 바꾸는 이들은 우리입니다.

                                    2024년 8월 2일
                                    오카 마리

차례

한국어판 서문 _ 희망으로서의, 가자 5

시작하며 17
팔레스타인 문제 관련 연표 및 지도 23

제1부. 가자란 무엇인가

매년 행해지는 이스라엘의 혐오 시위 33 | 네 가지 요점 37 | 이스라엘에 의한 집단학살 41 | 봉쇄된 가자지구에 대한 되풀이되는 공격 44 | 발신조차 할 수 없다 49 | 이스라엘의 정보전 50 | 가자란 무엇인가 53 | 이스라엘은 어떻게 건국되었는가 58 | 시오니즘의 탄생 60 | 시오니즘은 인기가 없었다 62 | 식민주의로서의 시오니즘 65 | 팔레스타인 분할안 67 | 팔레스타인을 강탈한 인종청소: '나크바(대재앙)' 72 | 이스라엘 국내에서의 움직임 77 | 인구 과밀 지역, 가자지구 79 | 하마스의 탄생 84 | 오슬로 협정 이후 7년 동안 86 | 민주적 선거에서 승리한 하마스 89 | 저항권 행사로서의 공격 92 | '봉쇄'란 무엇인가 98 | 가자지구에서 일어나는 일 102 | 살아 있는 죽음 105 | 귀환의 대행진 110 | 가자지구에서 증가하는 자살 112 | '국제법을 적용해 주기만 하면 된다' 116 | 요르단강 서안지구 출신 여성의 연설 120 | 가자지구 중부 출신 안하르 씨의 연설 125

제2부. 인간의 부끄러움, 가자

지금 눈앞에서 일어나고 있다 134 | 몇 번이나 반복되어 왔다 136 | 망각의 집적 끝에서 139 | 불균형한 공격 142 | 평화 시위에 대한 공격 145 | 뻔뻔한 망각 149 | 거대한 실험장 151 | 가자지구의 동물원 155 | 세계는 아무것도 하지 않는다 158 | 말과 휴머니티 160 | '증오의 연쇄'로 이야기해서는 안 된다 166 | 서안지구에서 일어나고 있는 일 173 | 10월 7일의 공격이 의미하는 것 177 | 밝혀져 온 사실 180 | 진짜로 질문할 것은 '이스라엘이란 무엇인가' 아닐까? 184 | 시오니즘과 팔레스타인 분할안 188 | 이스라엘의 아파르트헤이트 193 | 인도적 문제가 아닌 정치적 문제 196

질의응답 201

시작하며

2023년 10월 7일, 하마스가 주도하는 가자지구 팔레스타인 전투원들의 월경 기습 공격에 대한 이스라엘의 미증유의 집단학살 공격이 시작되었습니다. 공격 시작 후 불과 2주 만에 가자지구의 팔레스타인 사망자는 4천 명을 넘었습니다. 그중 절반 가까이가 아이들입니다.

우리가 살고 있는 이 똑같은 땅에서 지금 집단학살이 진행되고 있습니다. 그럼에도 불구하고 주류 언론은 연일 가자지구에 대해 보도하면서도, 그 내용은 사태의 중대성에 걸맞지 않거나 문제의 핵심을 전달하지 않고 있습니다. 가자지구 주민의 70퍼센트를 차지하는 '난민'이 왜, 어떻게 난민이 되었을까요? 16년 이상에 걸친 봉쇄하에서 가자지구 주민들은 어떤 삶을 살아왔을까요? 애당초 이스라엘은 도대체 어떤 나라일까요? 문제의 구도를 제대로 이해하기 위한 핵심 부분에 대해서 주류 언론은 침묵을 지키고 있습니다

(사건을 보도하지만 그 보도로 오히려 진실을 왜곡, 은폐하는 것, 즉 에드워드 사이드가 '커버링 이슬람covering islam'이라 부르며 비판한 '이슬람 보도'의 전형입니다).

이러한 가운데, 교토 시민 중 뜻있는 분들이 저를 강사로 초대해 가자지구에 관한 긴급 학습회를 기획해 주셨습니다(2023년 10월 20일, 교토대학).* 때를 같이하여, 10월 16일 재일본 이스라엘 대사관 앞에서의 항의 행동에 참가한 와세다대학과 그 밖의 학생들도 긴급 세미나를 기획, 강연할 기회를 만들어 주셨습니다(10월 23일, 와세다대학).** 강연은 모두 온라인으로 동시 중계되었고, 그 후 즉시 인터넷에 공개되었습니다.

다이와쇼보의 편집자 데키 고스케出来幸介 씨로부터 이 두 강연 내용을 책으로 만들어 긴급 출판하고 싶다는 내용의 연락을 받은 것은 와세다 강연이 있은 지 3일 후였습니다. 연내 출판을 목표로 하고, 그로부터 불과 40일이라는 이례적인 단기간에 이 책은 제작되었습니다. 한시라도 빨리 더 많은 분들에게 알리고 싶었기 때문입니다. 지금 가자지구에서 일어나고 있는 일은 바로 집단학살이며, 21세기에 우리

---

* https://iwj.co.jp/wj/open/archives/519239 [검색일 2024년 8월 14일]

** https://www.youtube.com/watch?v=-baPSQIgcGc [검색일 2024년 8월 14일]

가 이 미증유의 집단학살 공격을 허용했다는 것을 밝히고 왜, 이런 일이 일어났는지, 무엇이 그것을 가능케 했는지. 그리고 집단학살을 멈춰라, 멈추게 해 달라라는 목소리를 한 사람이라도 더 많이 내어 이 현실을 바꾸기 위함입니다.

이 책의 바탕이 된 강연은 모두, 얘기가 나오고 나서 실제로 할 때까지 며칠밖에 걸리지 않았다는 점에서 문자 그대로 긴급하게 개최된 것이었기 때문에, 정성스럽게 원고를 준비할 시간도 거의 없는 채로 강연을 진행했습니다. 이것을 긴급하게 책으로 만들어 출판할 때까지, 시간도 극도로 제한된 상황에서 강연 내용을 최대한 가필 수정하고, 잘못 말한 것이나 기억이 틀린 것 등 사실관계에 대해 정정했습니다(강연에서 제시한 슬라이드 등도 적절히 다른 것으로 교체하는 등의 작업을 했습니다). 시간이 촉박한 가운데 최선의 노력을 다했지만, 그로 인한 하자 등이 많이 보일지도 모릅니다. 긴급성을 감안해 너그러이 이해해 주시면 감사하겠습니다. 이후 사태의 전개 속에서 새롭게 확인된 사실 등도 있지만, 공격이 시작된 지 2주 만에 개최된 강연이라는 이 책의 성립 상황을 감안해 강연회 개최 당시에는 판명하지 않았던 사실을 본문에 가필하는 일은 하지 않았습니다.*

---

* [옮긴이] 이후 상황에 대한 상세한 소묘는 아니지만 근본적인 경향을 짚고 있는 '한국어판 서문'을 참조하라.

출간을 준비하는 동안, 가자지구에 대한 이스라엘의 대량 파괴, 대량 살육도 맹렬한 속도로 진행되었습니다. 공격이 시작된 지 53일째인 현재(2023년 11월 29일), 가자지구 보건부의 발표에 따르면, 확인된 사망자 수만 1만 5천 명 이상이고 그중 6150명이 어린이입니다.

이러한 형태로 강연이 책으로 만들어져 더 많은 분들이 가자지구의 비극의 근원에 있는 진실을 알게 된 것은 기뻐해야 할 일이지만, 그것이 현시점에서 6천 명 이상이나 되는 가자지구 어린이들—봉쇄된 가자지구에서 태어나, 봉쇄된 가자지구밖에 모르고 죽어간 어린이들—의 생명을 대가로 삼고 있는 것에 오히려 참담한 마음이 듭니다.

이 책은 무엇보다도 이러한 비극이 일어나는 것을 인간으로서 용서해서는 안 된다는 분노를 행동으로 옮긴 시민, 학생, 교수, 언론인, 편집자의 연대 행위에 의해 실현되었습니다. 교토대학 강연을 기획, 주최해 준 10·20 긴급학습회 '가자란 무엇인가' 실행위원회 여러분, 와세다대학 강연을 기획, 주최해 준 '〈팔레스타인〉에 사는 사람들을 생각하는 뜻있는 청년 학생 모임'의 여러분, 이러한 강연회의 개최 운영에 협력해 준 모든 분들께 진심으로 감사의 말씀을 드립니다. 그리고 이 책의 긴급 출판을 기획하고 지난 한 달 동안 그 실현을 위해 힘써 주신 다이와쇼보 편집자 데키 고스케 씨에게 진심으로 감사의 말씀을 드립니다.

오늘 11월 29일 현재, 가자지구에서는 24일에 시작된 4일간의 일시 휴전이 연장되었습니다. 그것이 항구적 정전으로 이어질지 아니면 휴전 후 다시 이스라엘의 무차별 폭격이 재개될지 알 수 없습니다. 이 책이 출판될 때, 이 대량 살육 공격이 수습을 맞이하고 있는지, 아직 계속되고 있는지, 가자지구가, 가자지구 사람들이 어떻게 되어 있을지 모릅니다. 그런데 딱 한 가지 분명한 게 있습니다. 그것은, 비록 이 집단학살 공격이 끝난다고 해도, 이스라엘에 의한 아파르트헤이트가 끝나지 않는 한, 가자지구나 요르단강 서안지구, 그리고 이스라엘의 팔레스타인 사람은 여전히 자유를 빼앗기고, 인권을 빼앗기고, 인간답게 살 권리를 빼앗기고 있다는 점, 그들의 투쟁은 계속될 것이라는 점입니다.

집단학살이 진행 중인 지금, '즉시 정전'을 한목소리로 호소하는 것이 절대적으로 필요합니다. 하지만 그것만으로는 문제가 아무것도 해결되지 않습니다. 이 반인도적 범죄의 책임자가 전쟁범죄자로 처벌받지 않는다면, 같은 일이 또다시 반복될 것입니다. 이스라엘의 반인도적 범죄, 전쟁범죄를 올바르게 처벌하고 국제 인권단체가 '세계의 책무'라고 호소하는, 이스라엘의 아파르트헤이트에 우리 세계 시민의 손으로 종지부를 찍는 것, 이를 위해 우리가 지금도, 그리고 앞으로도 행동하는 것, 그렇게 하는 것이 절대적으로 필요하다는 것을, 이 책을 읽은 분은 이해하실 것입니다.

믿읍시다. 강에서 바다까지 팔레스타인은 자유로워질 것이라고. 가자지구는 인간의 비참함이 응축된 땅이 아니라 우리가 무지개빛 미래를 심는 땅이라고.

2023년 11월 29일
국제 팔레스타인 연대의 날에

팔레스타인 문제 관련 연표 및 지도

연도	사건
1894	**프랑스에서 드레퓌스 사건 발생**
1896	테오도르 헤르츨, 《유대 국가》 출판
1897	스위스 바젤에서 제1차 시오니스트 회의 개최
1914	제1차 세계대전 발발
1917	밸푸어 선언, 팔레스타인에 유대인의 민족적 향토 건설 승인
1920	제1차 세계대전 전승국에 의한 산레모 회의 개최, 영국의 팔레스타인 위임통치 결정(1923년, 위임통치 개시)
1933	나치, 정권 획득
1936	영국 위임통치하의 팔레스타인에서 아랍 민중에 의한 반란이 일어남
1939	제2차 세계대전 발발. 나치에 의한 홀로코스트
1945	· 제2차 세계대전 종결 · 연합군 점령하에서 유대인 난민 문제 발생
1947	11월 29일, 유엔 총회에서 **'팔레스타인 분할안'** 채택, 팔레스타인에서 인종청소 시작
1948	· **'나크바'** · 4월, 데이르 야신 학살 · 5월, 이스라엘 건국 선언, 영국에 의한 위임통치 종료 · 제1차 중동전쟁 · 12월 10일, 유엔 세계인권선언 채택 · 12월 11일, 유엔 총회 결의 194호 채택, 팔레스타인 난민의 즉각적인 귀환 권리 확인 · 유엔 총회, '집단학살 조약' 만장일치 채택
1956	제2차 중동전쟁
1957	팔레스타인 민족해방운동 조직 '파타' 출범(초대 의장 야세르 아라파트, 1967년에 PLO 가입)
1964	PLO(팔레스타인해방전선) 설립

1967	· **제3차 중동전쟁. 이스라엘은 동예루살렘, 요르단강 서안지구, 시나이반도, 골란고원 점령**. 유엔 안보리, 이스라엘에 철수 촉구 결의안(242호) 채택 · PFLP(팔레스타인해방인민전선) 설립
1969	DFLP(팔레스타인해방민주전선) 설립
1970	요르단 '검은 9월'. 요르단 왕정은 PLO를 레바논으로 추방
1973	제4차 중동전쟁
1974	아라파트 PLO 의장, 유엔에서 '올리브나무 가지' 연설
1975	레바논 내전 시작
1976	· 3월 30일, '토지의 날'. 이스라엘 정부의 토지 수용에 반대하는 팔레스타인계 시민에 대한 탄압 · 레바논 텔 알-자타르 난민촌 집단학살
1980	이스라엘, 동예루살렘을 병합하고 수도로 삼겠다고 선언
1982	이스라엘, 레바논을 침공하고 베이루트 점령 팔레스타인 난민촌 두 곳(사브라-샤틸라)에서 집단학살
1985	레바논, 난민촌 전쟁(~1987)
1987	· 제1차 인티파다 시작 · **민족해방 조직 '이슬람저항운동'(하마스) 탄생**
1990	이라크의 쿠웨이트 침공, 걸프전쟁(1991)
1993	오슬로 협정. 팔레스타인 잠정 자치 시작
1995	오슬로 협정에 서명한 이스라엘의 라빈 총리 암살
2000	**제2차 인티파다 시작**
2001	미국에서 동시 다발 테러 발생
2003	미군 등에 의한 이라크 침공
2005	가자지구에서 이스라엘의 모든 정착촌 철수
2006	· 팔레스타인 입법평의회 선거에서 하마스 승리 · 이스라엘, 레바논 침공(다히야 독트린)

2007	· 하마스가 통합정부를 만들었으나 미국은 승인하지 않음 가자지구에서 내전 발생, 하마스 승리. 팔레스타인은 가자지구(하마스 정권)와 서안지구(파타 정권)의 이중 정권이 됨 · **이스라엘, 가자지구 완전 봉쇄**
2008	**12월, 이스라엘 가자지구 공격(2009년 1월부터 22일간, 팔레스타인 측 사망자 1400명 이상)**
2010	튀지니 지방 도시에서 노점상 무함마드 부아지지 분신 자살 '아랍의 봄' 발생(2011)
2012	· 11월, 이스라엘 가자지구 공격(8일간, 팔레스타인 측 사망자 140명 이상) · 11월, 유엔 총회, '팔레스타인'을 옵저버 국가로 승인
2014	· 5월, 네타야후 이스라엘 총리 일본 방문. 아베 신조 총리(당시)와 회견하고 '포괄적 파트너십의 구축에 관한 공동성명' 발표 · 4월, 하마스, 파타와 잠정 통합정부 출범에 합의(51일간의 전쟁으로 중단) · 7월, 이스라엘 가자지구 공격(51일간의 전쟁. 팔레스타인 측 사망자 2200명 이상. 그중 어린이 500명)
2017	트럼프 미국 대통령(당시), 미국 대사관의 예루살렘 이전 표명 (2018년 5월 이전)
2018	3월 말부터 가자지구에서 1년 이상에 걸쳐 **'귀환의 대행진'**
2021	5월, 이스라엘, 가자지구 공격(15일간)
2022	5월, 이스라엘, 가자지구 공격(3일간)
2023	**10월 7일, 하마스 주도의 분리 장벽을 넘어선 공격을 시작으로 이스라엘에 의한 가자지구 공격 시작**

팔레스타인 지도

가자지구 지도

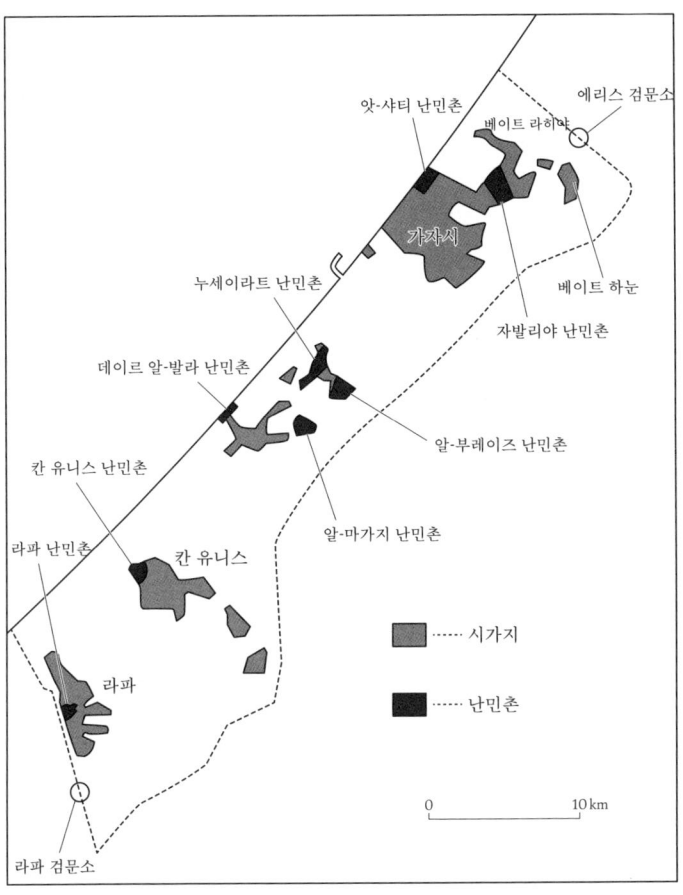

《가자통신ガザ通信》을 바탕으로 작성함. 지도는 2000년 시점이다. ©Jan de Jong

제1부.

가자란 무엇인가

* 2023년 10월 20일 교토대학 강연

강연에 앞서 제일 먼저, 지금 가자지구에서 그리고 1948년에 점령되어 이스라엘이 된 곳에서 팔레스타인 사람들, 그리고 이스라엘 사람들이—죽지 않아도 될 사람들이—지금 죽어 가고 있다는 것을 생각하고 1분간 묵념을 하면 좋겠네요. 불 좀 꺼 주시겠습니까?

그럼, 묵념.

감사합니다.

지금 가자지구의 대부분은 연료가 끊기고 전기가 끊겨서 캄캄한 상태에 있습니다. 그 와중에 밤낮을 가리지 않고 폭격이 계속되고 있습니다. 식수도 먹을 것도 바닥을 드러내고 있는 상황입니다.

이번에, 이 학습회는 정말 긴급하게 기획되었습니다.

10월 7일부터 시작된, 지금 일어나고 있는 사건을 일본뿐만이 아니라 문명국을 자처하는 주류 기업 언론에서 이 문제의 극히 한정된 일부분만을 보도하고 있을 뿐이라고 느낍니다. 이 문제의 근본이 도대체 무엇인가 하는 가장 핵심적인 부분이 전혀 얘기되고 있지 않습니다. 다시 핵심으로 돌아가는, 그런 학습회가 지금 긴급하게 필요하기 때문에 이 학습회를 기획했습니다.

처음에는 적은 인원으로 개최하여, 배포나 공개는 하지 않고 대면으로 정중하게 논의할 수 있으면 좋겠다고 생각했습니다. 그러나 그후 며칠간의 사태 전개를 지켜보는 것만으로도 어쨌든 지금 일어나고 있는 일은 집단학살(대량 살육)이나 다름없고 이 집단학살을 멈추기 위해, 멈추게 하기 위해, 세계의 시민 한 사람 한 사람이 할 수 있는 모든 것을 하지 않으면 안 되는 그런 상황이라고 생각합니다.

그래서 한 사람이라도 많은 분이 들어 주셨으면 하는 마음에서 IWJ(인디펜던트 웨이브 저널)의 호의에 응해, 중계하기로 했습니다. 정말 정신없이 바빠서 미흡한 점도 있다고 생각합니다만, 이렇게나 많은 분이 짧은 안내 기간에도 불구하고 오셔서 들어 주시니 기쁩니다. 감사합니다.

그럼 시간이 없으니 바로 이야기에 들어가도록 하겠습니다.

매년 행해지는 이스라엘의 혐오 시위

일단 영상 하나 봐 주세요. 적극적으로 보고 싶은 내용은 아니지만요.

이것은 '플래그 마치March of Flags(깃발의 행진)'라고 불리는 이스라엘 우익의 시위 장면입니다. 이스라엘은 1967년 군사 점령한 동예루살렘을 1980년 국제법을 위반하면서 병합하고, 수도로 삼는다고 선언했습니다. 그 예루살렘에서 매년 이스라엘이 '독립기념일'이라고 부르는 날에 대대적으로 열리는 행사입니다. "아랍인에게 죽음을", "너희 마을을 불태워 버리겠다" 등을 히브리어로 외치고 있습니다.

플래그 마치(깃발의 행진)
출전: https://twitter.com/972mag/status/1531204214751469570 video by @OrenZiv_

'아랍인'이란 팔레스타인 사람을 말합니다. 시위가 벌어지고 있는 동예루살렘은 팔레스타인 사람들이 살고 있는 거리입니다. 팔레스타인 사람들도 압도적으로 많이들 살고 있습니다. 또한 이스라엘 국가 인구의 20퍼센트는 팔레스타인 사람입니다. 그런 중에 "아랍인에게 죽음을"이라고 말하고 있습니다. "슈아파트Shuafat는 불타고 있다." 슈아파트는 예루살렘 외곽에 있는 팔레스타인 난민촌입니다. 1948년에 고향을 점령당하고 인종청소당하고 난민이 되어 예루살렘으로 온 사람들이 살고 있습니다.

"무함마드는 죽었다." 이슬람의 선지자 무함마드를 말하는 것이네요.

"시린은 매춘부다." 시린은 시린 아부 아클레라는 이름의 팔레스타인계 미국인 언론인으로, 2022년 요르단강 서안 지구를 취재하던 중 이스라엘 병사에게 저격당해 사살된 분입니다. 이스라엘군은 당초 교전 중 팔레스타인 측 전투원이 쏜 총탄에 맞았다고 주장했으나 당시 전투는 벌어지지 않았으며, 나중에 자국군 병사가 사살했다고 인정했습니다.

이러한 팔레스타인 사람에 대한 증오범죄hate crime를 선동하는 혐오시위hate demo가 매년, 이스라엘 유대인들에 의해 자행되고 있습니다. 이 동영상의 마지막에는 한 팔레스타인

노인이 시위에 항의하는 장면이 나오는데, 팔레스타인 깃발을 든 그를 경찰 여럿이 달려들어 제압합니다.

동예루살렘 구시가지에는 유대교, 기독교, 이슬람의 성지가 있습니다. 동예루살렘은 1967년 제3차 중동전쟁에서 요르단강 서안지구, 가자지구와 함께 이스라엘에 군사 점령당하지만, 그 직후 유엔 안전보장이사회는 이스라엘에 대해 그린 라인(1949년 제1차 중동전쟁의 휴전선) 안쪽까지 철수하라고 결의합니다(안보리 결의안 242). 그러나 지금까지도 이스라엘은 이를 이행하지 않고 있습니다. 1980년에 이스라엘은 안보리 결의를 위반하고 계속 점령 중이던 동예루살렘을 병합합니다. 이것은 국제법 위반입니다. 그러고선 예루살렘을 수도로 삼는다고 선언했습니다.

미국은 이스라엘을 건국 때부터 줄곧 응원하고 있지만, 대사관을 예루살렘으로 이전하는 것까지는 하지 않았습니다. 대사관 이전은 이스라엘의 수도가 예루살렘이라고 인정하는 것이고, 이는 국제법을 짓밟는 것이기 때문입니다. 그러나 트럼프 행정부 시절인 2018년, 미국은 이스라엘이 국제법을 위반하고 병합한 예루살렘으로 대사관을 이전합니다.

1967년 점령 이후, 특히 1993년 오슬로 협정 이후 지금에

이르기까지 이스라엘은 점령지에 국제법을 위반한 정착촌을 확대하고 예루살렘과 서안지구에서 팔레스타인 주민에 대한 인종청소를 강력하게 추진하고 있습니다.

첫머리의 예루살렘에서의 플래그 마치 한 건만으로도 이스라엘이라는 나라가 어떤 국가인지, 그 본질의 한 단면을 이해하실 수 있지 않을까 생각합니다.

이스라엘의 이번 가자지구 공격에 대해서는 유대인들로부터도 항의의 목소리가 높아지고 있습니다.

10월 18일, 미국의 유대계 시민 500명이 미 의회 시설을 점거하는 사건이 있었습니다. 의회 밖에서 열린 항의 집회에도 많은 시민이 참가했고, 집회에 참가한 유대인 여성은 "나는 유대인이기 때문에 유대교의 가르침에 입각해 지금 이스라엘이 저지르고 있는 일을 비판한다. 이를 집단학살이라고 고발한다"라고 말했습니다. 이스라엘은 스스로를 홀로코스트의 희생자인 유대인의 나라라고 주장하고, 일본 언론도 이스라엘의 주장이 마치 유대인의 주장을 대표하는 것인 양 말하지만 유대인이기 때문에, 또 홀로코스트를 경험한 유대인이기 때문에 이스라엘이라는 나라를 인정하지 않는 유대인이 세계에 많이 있습니다.

네 가지 요점

오늘 말씀드리고 싶은 요점은 네 가지입니다.

하나는 **현재 일어나고 있는 일, 이것은 집단학살이나 다름없다**는 것입니다.

텔레비전의 보도 프로그램을 보고 있으면 지상전이 언제 일어날지, 지상전이 일어나면 어떻게 될지 하는 것이 보도의 중심이 되고 있습니다. 저도 언론으로부터 취재 연락을 받고, 지상전이 일어나면 뭔가 코멘트를 해 달라는 부탁을 받았습니다.

근데 "지상전이 일어나면"이 아닙니다. 지상전이 일어나면, 정말 어떤 말을 써야 할지 모르겠지만, 정말 어마무시한 일이 됩니다. 그럼 지금 일어나고 있는 일이 터무니없지 않느냐고 하면, 결코 그렇지 않습니다. 지금 이미, 현재 일어나고 있는 것이 집단학살이고, 터무니없는 일입니다.

또 한 가지, 일본의 주요 언론은 이 집단학살에 가담하고 있습니다. 10월 7일 이후의 사건을 보도할 때, 혹은 그 전부터입니다만, 가자지구에서, 팔레스타인에서 정말로 무슨 일이 일어나고 있는지를 '보도하지 않음'으로써 말입니다.

특히 10월 7일 이후의 사건을 마치 '테러리스트 집단 하마스가 테러 공격을 감행했다'는 식으로, 이스라엘이 흘리는 정보를 무비판적으로 그대로 흘려보내고 있습니다. 이것은 일본뿐 아니라 미국이나 유럽의 주류 언론도 그렇습니다.

게다가 이란이 어떻고, 러시아가 어떻고, 중국이 어떻고 하는 국가 간의, 현재의 국제정치 이야기밖에 하지 않습니다. **동시대적, 중기적, 장기적인 역사적 맥락을 지워 버린 채 보도함으로써 지금 일어나고 있는 집단학살에 가담하고 있다고 할 수 있습니다.** 이를 정말 강력하게 주장하고 싶습니다.

지금 일어나고 있는 일은 집단학살이며, 우리는 이것을 어떻게든 멈추게 해야 합니다. 그렇다면 문제의 근원은 무엇일까요? 그 근본으로 되돌아가서 제대로 보도했더라면 목소리를 높였을 수 있을 사람들마저도 결국 '폭력의 연쇄', '미움의 연쇄' 같은 말에 수긍하게 되고, '둘 다 마찬가지'라고 생각하고 더 이상 나아가지 않게 됩니다. 이런 말을 사용하는 논객을 믿지 마세요. '폭력의 연쇄', '증오의 연쇄'가 아니에요. 이런 말로 포장하는 보도 자체가 저는 범죄적이라고 생각합니다. 이런 말을 사용함으로써 결국 사건을 '남의 일'로 만들고, 목소리를 내지 않고 무관심한 쪽에 머물도록 만들어 버립니다.

팔레스타인에서 일어나는 일의 원인은 양측이 서로를 미

워하기 때문이다. 그래서 폭력만 일어나고 있다. 둘 다 똑같다는 자세를 취하게 하고 거리를 두게 함으로써, 우리 시민들까지도 지금, 자신들의 눈앞에서, 같은 지구상에서 일어나고 있는 이 집단학살의 공범자가 되고 있는 것입니다.

세 번째 요점은 보도에서 지워지고 있는 그 역사적 맥락입니다. 즉, **이스라엘이라는 국가가 정착민에 의한 식민지 국가이자 팔레스타인 사람들에 대한 아파르트헤이트 국가(특정한 인종의 지상주의에 기초한, 인종차별을 기반으로 하는 국가)**라는 사실입니다.

지금까지 주류 언론의 텔레비전, 신문 보도에서 "이스라엘은 식민주의 국가다, 식민주의적 침략으로 생겨난 국가다"라는 말을 들어보신 적이 있으신가요? 그러한 역사적 사실을 제대로 보도하지 않음으로써 주류 언론은 문제의 근원을 오히려 적극적으로 은폐하고 있다고 할 수 있습니다.

마지막 요점입니다. 지금까지 이스라엘은 수많은 전쟁범죄, 국제법 위반, 안보리 결의 위반을 계속 저질러 왔지만, 국제사회는 이를 단 한번도 제대로 심판한 적이 없습니다. 이스라엘에 대한 불처벌, 이스라엘이 하는 짓은 무슨 일이든 묵인한다는 '전통'이 국제사회에 형성되어 있는 것입니다.

이것을 우크라이나와 비교해 보세요. 러시아의 우크라이

나 침공에서 국제형사재판소는 곧바로 움직여 푸틴 대통령에게 전쟁범죄 혐의로 체포영장을 발부했습니다.

그러나 "2014년에 일어난 이스라엘의 가자지구에 대한 공격을 전쟁범죄로 조사해 달라"는 팔레스타인 측의 요구에 국제형사재판소가 응하기까지 무려 5년이 걸렸습니다. 조사하기로 결정된 후에도, 아직까지 보류되고 있습니다. 그리고 마침내 또 이런 일이 벌어지고 말았습니다.

지금 가자지구에서 팔레스타인에 대한 집단학살을 자행하는 것은 이스라엘인데, 그렇다면 무엇이 그 집단학살을 가능케 하는가 하면, 이 오랜 국제사회의 이중 잣대입니다.

저스티스(공정성)의 기준은 하나여야 합니다. "이쪽에는 적용되지만 저쪽에는 적용되지 않는다." 이런 건 저스티스가 아니에요. '공정'하기 위해서는 누구에게나 똑같이 적용돼야 합니다.

그러나 우크라이나처럼, 미국에 유리한 경우에는 국제법이나 인권이 소리 높여 주장되고 언론에서도 캠페인을 벌이지만, 미국에 불리한 경우에는 국제법도 인권도 전혀 되돌아보지 않습니다. **수십 년에 걸친, 이러한 국제사회의 이중 잣대가 있어 왔고, 그것을 우리가 허용해 왔다**는 것, 그 자체를 묻고 싶습니다.

이스라엘에 의한 집단학살

되풀이합니다만, 지금 가자지구에서 일어나는 일은 집단학살이라는 말의 모든 정의에 비춰 볼 때, 집단학살이나 다름없습니다.

1948년에 열린 유엔총회에서 만장일치로 채택된 〈집단학살 협약〉*에서 일부 발췌하겠습니다.

집단학살 협약(발췌) 1948년 서명, 1951년 발효.
제1조 협약국은 집단 살해가 평시에 행해지든 전시에 행해지든 상관없이 국제법상의 범죄임을 확인하고, 이를 방지하고 처벌할 것을 약속한다.
제2조 이 협약에서 집단 살해란 국민적, 인종적, 민족적 또는 종교적 집단을 전부 또는 일부 파괴할 의도로 행해진 다음 행위 중 하나를 의미한다.
  (a) 집단 구성원을 살해하는 것.
  (b) 집단 구성원에 중대한 육체적 및 정신적인 위해

---

* [옮긴이] 집단살해죄의 방지와 처벌에 관한 협약(Convention on the Prevention and Punishment of the Crime of Genocide. Paris, 9 December 1948). 출처: 세계법제정보센터(https://world.moleg.go.kr/web/wli/lgslInfoReadPage.do?CTS_SEQ=5100&AST_SEQ=309).

를 가하는 것.

(c) 전부 또는 일부에게 육체의 파괴를 초래하기 위해 의도된 생활조건을 집단에 고의로 부과하는 것.

이스라엘이 현재, 그리고 그 전부터 가자지구 팔레스타인 사람들에게 행하고 있는 것이 바로 이 조문 그대로입니다.

그러나 10월 7일에 시작된 사태를 "하마스와 이스라엘 간의 싸움"이라는 극히 제한적이고 잘못된 관점에서만 바라보고 있습니다. 가자지구를 둘러싸고, 팔레스타인을 둘러싸고 단기적, 중기적, 장기적으로 일어나고 있는 일, 그 모든 것이 지워지고 있습니다.

예를 들어 유엔 인도주의업무조정국OCHA의 통계에 따르면, 2023년에 들어서도 요르단강 서안지구에서 10월 7일 공격이 시작되기 전까지 팔레스타인인 205명이 살해되었습니다. 그중 47명이 어린이입니다.

서안지구는 팔레스타인 '자치구'라고 불리지만, 그 실태는 틀림없는 식민지입니다. 이스라엘은 팔레스타인 사람들의 땅을 빼앗아 이 서안지구에 정착지를 마구 만들어 이스라엘의 유대계 시민들을 정착시키고 있습니다. 국제법 위반입니다. 그 정착민들이 무장을 하고 서안지구에 사는 팔레스타인 사람들을 습격하는 거죠. 집단으로 팔레스타인 사람들의 집이나 차에 돌을 던지는 것은 일상다반사입니다. 팔레스타인 농가의 삶의 양식인 올리브나무 밭을 태우거나 집에 불을 지르거나 경우에 따라 죽이기도 합니다. 이런 짓을 그들은 이스라엘군의 보호를 받으면서 하고 있습니다. 2023년 1월부터 6월까지 반년 동안 무려 600건에 달하는, 이러한 정착민에 의한 폭력이 일어났습니다.

게다가 이타마르 벤그비르라는 극우 정당의 당수이자 현재 치안장관을 맡고 있는 인물이 예루살렘의 이슬람 성지에 가서 이곳은 유대인의 것이라며 도발적 행위를 여러 번 반복하고 있습니다. 이런 일들 모두 가자지구가 아니라 요르단강 서안지구에서 일어나고 있는 일입니다.

이러한 폭력에 대해 만약 팔레스타인 사람들이 저항한다면 그 자리에서 체포됩니다. 그리고 이스라엘 감옥에 수감됩니다. 재판도 없이 말입니다. 그 구류는 무기한으로 연장될 수 있습니다. 이스라엘의 이러한 '법 외적인' 폭력—직접적 폭력이나 제도적 폭력—에 의해 《알자지라》의 보도에 따르면 10월 7일 단계에 5천 명 이상의 팔레스타인 어린이, 여성, 남성 들이 이스라엘 교도소에 구금되어 있었습니다.

봉쇄된 가자지구에 대한 되풀이되는 공격

가자지구는 1967년 이후 50년 이상에 걸쳐 서안지구와 함께 이스라엘 점령하에 있습니다. 또한 2007년 이후에는 이스라엘에 의해 완전히 봉쇄되어 있습니다. 이스라엘은 점령국으로, 원래대로라면 점령하에 있는 가자지구 사람들의 생활을 보장할 의무를 지고 있는데도, 어찌 된 일인지 완전 봉쇄를 한 것입니다.

물자도 사람도, 이스라엘이 허가한 물건만 반입·반출, 입역·출역入域·出域이 가능합니다. 연료나 식량, 의약품 등의 생명줄, 원재료 등이 최소한으로만 들어올 뿐입니다. 가자지구에서 생산한 물건도 가자지구 밖으로 출하할 수 없습니다. 가자지구의 경제 기반은 파괴되었고 주민 대부분이 극도의 빈곤 상태에 놓여 있지만, 봉쇄되어 도망갈 곳이 없습니다. 완전 봉쇄가 시작된 지 올해로 만 16년입니다. 이제 17년째에 접어들었습니다. 독 안에 든 쥐와도 같은 상태가 되어 바다로부터 하늘로부터 육지로부터 대규모 군사 공격이 지난 16년간, 규모가 커지면서 네 차례나 반복되었습니다. 되풀이되는 공격으로 인해 가자지구의 사회 인프라도 완전히 파괴되고 말았습니다. 즉, 가자지구의 인도적 위기는 이번 사건으로 시작된 것이 아닙니다. 이스라엘의 불법적인 완전 봉쇄로 인해 이미 몇 년 전부터 가자지구는 인위적으로 창출된 인도적 위기 상태에 있었던 것입니다.

가자지구에 반복되는 공격은 어떤 것이었을까요?

봉쇄가 시작되고 1년 후인 2008년 12월부터 2009년 1월까지 22일간의 공격이 있었고, 1400명이 넘는 팔레스타인 사람이 살해되었습니다. 2012년 11월에는 8일간 140명의 사망자가 나왔습니다. 그 상처도 아물기 전에, 2014년 7월부터 8월에 걸쳐 51일간의 공격이 있었고(51일간의 전쟁), 가자지구에서 2200명 이상이 살해되었습니다.

가자지구 인구는 현재 230만 명이라고 알려져 있지만 51일간의 전쟁 당시 인구는 180만 명이었습니다. 180만 명 중에서 2200명이 사망했다는 것은 일본의 인구 비율로 환산하면 15만 명에 해당합니다. 51일 동안 일본으로 치면 15만 명이 살해당한 셈입니다.

미국에 의한 원폭 투하로 초토화된 히로시마에서 1945년 8월 6일부터 12월 말까지 피폭으로 사망한 분이 15만 명입니다. 핵무기는 사용되지 않았지만, 2014년의 가자지구 공격에서는 TNT 화약으로 환산하면 히로시마에 떨어진 원폭과 똑같은 화력이 사용되었습니다. 이건 집단학살이 아닐까요? 히로시마가 집단학살이라면 2014년 시점에 이미 가자지구에서 집단학살이 일어나고 있었던 것입니다.

그리고 2021년 5월, 51일간의 전쟁이 끝나고 7년 후. 이때는 15일로 기간으로는 짧았지만, 텔레비전에서 파괴의 모습을 보았을 때, 그 무시무시함에 놀랐습니다.

물론 그 전부터도 공격의 무시무시함에 줄곧 놀라고 있었습니다. 인간을 한곳에 가둬 놓고, 도망갈 곳이 없는 사람들을 상대로 이런 폭격을 가한다는 것에요. 2008~2009년 첫 번째 공격이 일어났을 때, 제가 교토대학에서 열린 집회에 "인간성의 임계"라는 제목을 붙였을 정도입니다. 하지만 팔레스타인은 항상 최악의 상황을 계속 갱신하고 있습니다. 이런 것이 믿기지 않는다고 생각해도, 그다음에는 그것을 가볍게 뛰어넘는 사건이 벌어지는 것입니다.

2021년 5월 공격의 파괴력은 무시무시했습니다. 그리고 지금 그것조차도 비교할 수 없는 파괴력을 가진 공격이 무분별하게 자행되고 있습니다.

2014년 51일간의 전쟁 때, 가자지구 사람들은 유엔 시설이나 유엔의 학교로 피난했습니다. 유엔 시설은 공격해서는 안 되기 때문입니다. 하지만 그 피난처shelter가 되어 있던 유엔 시설이 폭격을 당해 안에 피난해 있던 사람들과 유엔 직원 수십 명이 죽었습니다. 그러자 이스라엘은 "하마스가 유엔 학교에 로켓 발사기를 숨겨 놓았기 때문"이라고 말했습니다. 이 말을 들으면, "하마스가 민간인을 인간 방패로 삼고 있는 건가"라는 생각이 듭니다. 아니면 어느 쪽 말이 맞는지 모르겠기 때문에 일단 판단을 유보해 버립니다. 어느 쪽이든 유엔 시설을 공격한 이스라엘을 비난하지 않습니다. 이스라엘이 원하는 것이 바로 이것입니다. 어떤 터무니없는 공격을 해도 일단 '하마스가~'라고 말하면 비난을 피할 수 있습니다. 사실이 밝혀졌을 때쯤이면 세계는 이미 그런 일이 있었다는 것조차 잊어버리고 맙니다.

그러나 이번 공격에서 이스라엘은 그런 변명조차 하지 않았습니다. 가자지구의 지하에 하마스의 터널이 깔려 있기 때문에 어디를 공격하든 변명도 필요 없다는 것일까요?

현재의 공격에서 이스라엘은 백린탄을 사용하고 있습니다. 백린탄이란 조명탄의 일종으로 공기에 닿아 있는 한, 불이 꺼지지 않습니다. 피부에 닿으면 뼈에 닿을 때까지 살을 태워 버립니다. 한번 흡입하면 폐를 안쪽에서, 몸속에서부터 태워 버리는 비인도적인 무기입니다. 2008~2009년의 첫 공격에서 이스라엘군은 이 무기를 사용하여 많은 사

백린탄

이스라엘과 레바논의 국경 근처에서 사용된 백린탄(2023년 11월 12일 촬영)
사진: 로이터/아프로

람을 죽였는데, 인터넷에서 가자 백린탄Gaza white phosphorus이라고 검색하면 희생자의 사진이 나옵니다.

그중에는 백린탄에 맞아 불에 탄 아기 시신 사진도 있습니다.

일본의 표현 기준에서는 이런 폭력적인 영상을 공개적으로 내보내면 안 된다고 생각하지만, 오히려 우리에게 이것을 볼 책임이 있다고 생각합니다. 가자지구에서 지금 팔레스타인 사람들에게 어떤 일이 일어나고 있는지 알기 위해서요. 그것을 일러두면서 보여드리겠습니다(책에서는 사진 생략).

이스라엘은 2008~2009년 공격에서 백린탄을 사용한 것에 대해 전 세계의 비난을 받았기 때문에 공격력, 파괴력 같은 전술적 효과보다 국제 여론을 적으로 돌리지 않고 세계의 비난을 받지 않는 것을 중시하여 이후로는 백린탄 사용을 자제했습니다. 그런데 이번에 또다시 백린탄을 쓰고 있어요. 즉, 지금 보신 광경이 현재 가자지구에서 벌어지고 있는 것입니다.*

발신조차 할 수 없다

게다가 지금은 전기 공급도 중단된 상태입니다. 극히 일부 경제적으로 여유가 있는 사람은 연료 등을 비축해 놓아서 자가발전을 할 수도 있을 텐데, 그런 사람들에게 가자지구의 병원에서는 연료를 제공해 달라고 호소하고 있습니다. 이스라엘은 가자지구 북부 주민들에게 목숨이 아까우면 남부로 가라고 통보했지만, 집을 버리고 이동한 사람들은 자신의 휴대전화나 컴퓨터를 충전할 수도 없는 상황입니다.

팔레스타인 정보 사이트에 현지 언론인이 이렇게 썼어요.

---

* 다음 웹사이트 참조. "How many bombs has Israel dropped on Gaza?", https://electronicintifada.net/blogs/ali-abunimah/how-many-bombs-has-israel-dropped-gaza [검색일 2024년 8월 14일]

"이스라엘은 가자지구에서 자신들이 자행하고 있는 범죄가 세계에 발신되기를 원하지 않기 때문에, 가자지구를 블랙아웃[정전]시킨 것이다"라고. 과거 공격 때도 전기 공급은 적었지만, 그래도 하루 몇 시간은 전기가 공급됐기 때문에 그동안 컴퓨터나 휴대폰을 충전해서 가자지구 사람들이 지금 일어나고 있는 일을 세계에 알릴 수 있었습니다. 이번에는 가자지구 전체가 블랙아웃됨으로써 그것을 할 수 없게 되었고, 대폭 제한을 받게 되었습니다.

이스라엘의 정보전

이스라엘은 정보전에 막대한 국가 예산을 할애하고 있습니다. 이스라엘 측의 범죄가 규탄받을 만한 일이 생기면 즉시 이에 대한 가짜 대항 정보를 발신합니다.

예를 들어 2000년 9월에 시작된 제2차 인티파다(이스라엘 점령하의 민중에 의한 점령에 대한 일제 봉기) 당시 가자지구에서 이만 알함스라는 열세 살 소녀가 이스라엘 군인이 쏜 십여 발의 총알에 맞아 죽임을 당했습니다(2004년 10월 5일). 전 세계적으로 이스라엘을 비난하는 목소리가 높아졌는데요. 이에 대해서 이스라엘 측이 어떤 정보를 흘렸냐면, 소녀가 가방에 폭탄을 가지고 있었고 그것을 이스라엘 군인에게 던지려고 다가왔기 때문에 스스로를 지키기 위해 죽였다고 했습니다.

이런 정보는 확인할 수가 없어요. "이쪽은 이렇게 주장하지만 저쪽은 이렇게 말한다. 우리에게는 그것을 확인할 방법이 없기 때문에, 일단 판단을 유보하자"라는 식이 되어 버립니다.

마찬가지로 제2차 인티파다 당시 가자지구에서 무함마드 알두라라는 열두 살 소년이 아버지와 쇼핑을 갔다가 돌아오는 길에 전투에 휘말렸는데, 아이가 있으니 쏘지 말라고 외치는 아버지 옆에서 총에 맞아 죽었습니다(2000년 9월 30일). 아이를 구출하려고 달려온 구급대도 저격당했습니다. 의료진에 대한 공격도 국제법 위반입니다.

아버지의 품에서 소년이 숨을 거두는 영상이 세계에 퍼져 나갔고, 이때도 이스라엘을 비난하는 목소리가 전 세계적으로 높아졌는데, 이에 대해 이스라엘은 팔레스타인 측이 쏜 총알에 맞아 죽은 것이라고 발표합니다. 이것도 우리는 검증할 길이 없습니다.

서안지구에서 저격당해 살해된 언론인 시린 아부 아클레

씨의 경우(2022년 5월 11일)도 그랬지만, 이스라엘은 항상 자신들이 저지른 일에 대해 "아니, 그건 팔레스타인 측이 저지른 일이다"라는 거짓 대항 정보를 흘립니다. 이스라엘의 상투적인 수법입니다. 이번에도 "테러리스트 하마스가 이스라엘에 침입해 키부츠(이스라엘 집단농장)에서 잔인하게 아이들의 목을 베고 불태워 죽였다. 여성들을 강간했다"라는 식의 보도를 일제히 내보냈습니다.

이스라엘이 팔레스타인에 대해 해 온 짓을 오랫동안 관찰하고 있는 사람으로서 말할 수 있는 것은, 이스라엘은 항상 자신들이 하는 짓을 상대가 한 일로 발신한다는 것입니다.

타 죽은 아이의 모습이 전 세계에 얼마나 큰 충격impact을 주는지, 자신들이 가자지구에서 백린탄을 사용한 경험을 통해 알고 있기 때문에 그런 말을 하는 것입니다. 이번에 이스라엘이 내놓은 타 죽은 아이의 이미지는 AI에 의한 합성 이미지라는 것이 이미 밝혀졌습니다. 바이든 대통령은 네타냐후 총리가 그런 사진을 보여줘서 충격을 받았다고 말했지만, 뒤늦게 그런 사진을 본 적이 없고, 이스라엘 측의 보도만 보고 말한 것이라고 백악관이 해명했습니다.

가자란 무엇인가

가자지구란 무엇일까요?

우선 가자지구 주민들은 어떤 사람들일까요?

가자지구 주민들은 1948년 이스라엘 건국에 따른 인종청소로 인해 폭력적으로 고향에서 쫓겨나 난민이 된 사람들입니다. 가자지구 주민들 대부분이 난민이라는 것은 보도가 되지만 이 사람들이 도대체 왜, 어떻게, 어떤 폭력에 의해 난민이 되었는지는 보도에서 철저히 외면당하고 있습니다.

1986년, 학생 시절에 저는 당시 이집트 카이로에서 이스라엘 텔아비브 사이를 연결하던 장거리 버스를 타고 이집트와 가자지구의 경계에 있는 라파 검문소를 통해 가자지구로 들어갔습니다. 가장 먼저 눈에 들어온 것은 선명하고 탐스럽게 익은 오렌지였습니다.

미셸 클레이피라는, 1948년에 점령되어 이스라엘령이 되어 버린 팔레스타인 갈릴리 지방 출신 팔레스타인 영화감독이 있습니다. 제1차 인티파다를 주제로 한 《세 개의 보석 이야기 The Tale of the Three Jewels[Hikayatul jawahiri thalath]》라는 작품에서 주인공 소년 유수프는 가자지구에서 유럽으로 출하되는 오렌지 열매가 가득 찬 컨테이너에 몸을 숨긴 채 탈출을 꾀합니다. 가자지구는 지중해성 기후이기 때문에 오렌지와 레몬 등 감귤류 재배가 활발합니다.

가자지구 북부에는 베이트 라히야라는 곳이 있습니다. 가자지구와 이스라엘의 경계 근처에 위치하고 있으며 지금 이 순간에도 폭격에 시달리고 있는 곳입니다. 베이트 라히야는 딸기 마을로 알려져 있을 정도로 딸기 재배가 활발하게 이루어지는 곳입니다.

2014년, 51일간의 전쟁이 일어나기 몇 달 전인데, 저는 가자지구에 들어갈 수 있었습니다. 이 베이트 라히야를 방문했을 때 딸기 농가 분들이 정말 큰 딸기를 잔뜩 주셨어요. 일본에서는 한번도 먹어 본 적이 없는 크고 달콤한 딸기였습니다. EU 시장에 내놓으면 '그레이드 원' 1등품 딸기로 팔린다고 했습니다.

그런데 유럽 시장에 수출하려면 이스라엘 수출업체를 통하지 않으면 이스라엘이 출하를 허락하지 않습니다. 그렇게 되면 중개 수수료를 떼이기 때문에 가격을 높일 수밖에 없어 경쟁력이 떨어집니다. 가격을 싸게 억제하면, 수익은 가자지구에서 소비하는 것과 다를 바 없게 됩니다. 그토록 훌륭하게 정성껏 기른 딸기인데도 결국 봉쇄 때문에 수출도 하지 못한 채, 제가 방문한 2014년 3월에도 가자지구 마을 곳곳에 슬프게도 그런 딸기가 넘쳐나고 있었습니다.

여러분은 최근 보도에서 가자지구 지도를 여러 번 보셨을 텐데요. 가자지구는 지중해에 접한 40킬로미터의 해안선을 가지고 있습니다. 수심이 얕은 해변입니다.

2005년 이스라엘의 모든 정착촌이 가자지구에서 철수하기 전까지는, 해안가에 대규모 정착촌이 있었기 때문에 가자지구 팔레스타인 사람들은 바다에 갈 수 없었습니다만, 정착촌이 철수하면서 해변이 다시 가자지구 팔레스타인 사람들 것이 되었습니다. 유럽에서도 가까워 봉쇄나 점령이 없었다면 농업과 어업, 공업, 관광업 등 가자지구는 경제적으로 매우 발전할 수 있는 가능성을 가지고 있습니다.

아직 봉쇄되기 전, 대량 파괴를 동반한 공격이 일어나기 전의 가자시 사진을 보면 이곳이 참으로 아름다운 곳이라는 것을 알 수 있습니다.

농업도 어업도 가자지구의 기간산업 중 하나였습니다. '였습니다'라고 과거형으로 말할 수밖에 없습니다. 이러한 산업 기반이 점령과 봉쇄에 의해 철저히 파괴되어 버렸기 때문입니다.

이 가자지구에 현재 230만 명이 살고 있습니다. 그 65퍼

봉쇄 전 가자의 풍경

가자시(2007년 촬영)
출처: https://en.m.wikipedia.org/wiki/File:Gaza_City.JPG

센트가 24세 이하이고 40퍼센트가 14세 이하의 어린이입니다. 지금 무차별적으로 폭격당해 죽임을 당하고 있는 가자지구 사람들의 40퍼센트는 14세 이하의 어린이입니다. 가자지구의 평균연령은 18세. 그만큼 젊은 인구가 많다는 거죠(참고로 일본의 평균연령은 48세입니다).

다음 그래프는 미국 통계국이 발표한 가자지구의 인구 피라미드입니다. 위로 갈수록 나이가 많고 아래로 갈수록 젊은이들인데요. 14세 이하가 얼마나 많은지 한눈에 알 수

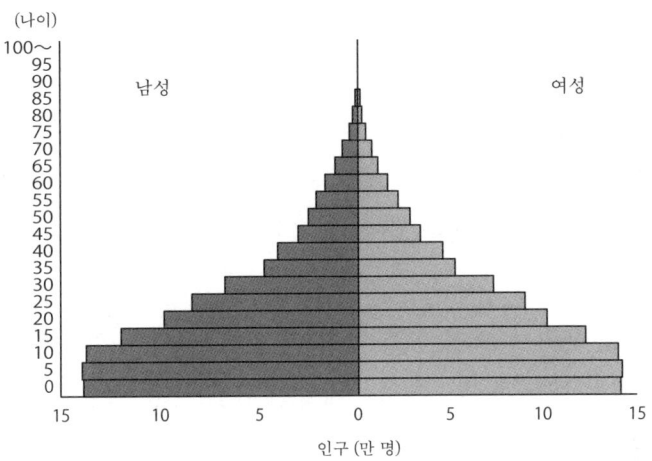

가자의 인구 피라미드

U.S. Census Bureau, International Database를 바탕으로 작성함.

있습니다.

이들 가자지구의 230만 주민 중 70퍼센트가 75년 전인 1948년의 '유대인 국가' 건설에 의한 인종청소의 결과로 난민이 되어 가자지구에 온 사람들과 그 후손들입니다.

1967년 이후 가자지구는 서안지구와 함께 이스라엘에 점령되어 현재도 여전히 점령되어 있으며, 2007년 이후 완전히 봉쇄되어 있습니다. 올해로 완전 봉쇄된 지 17년째에 접어들었습니다.

이스라엘은 어떻게 건국되었는가

그렇다면 이들은 왜 난민이 되었을까요? 언론이 보도하지 않는—그것이 무지 때문인지 아니면 적극적으로 밝히고 싶지 않기 때문인지 모르겠지만—팔레스타인과 이스라엘을 둘러싼 역사적 맥락, 이 문제의 근원에 있는 원인은 무엇일까요?

이를 생각해 보기 위해 먼저 이스라엘이란 무엇인지, 이스라엘이 어떻게 건국되었는지를 조금 역사를 거슬러 올라가 설명하고자 합니다.

1945년 나치 독일이 패하고 소련군이 아우슈비츠를 해방시킵니다. 600만 명으로 추산되는 유럽의 유대인들이 홀로코스트의 희생자가 되었지만, 한편으로는 살아남은 사람들이 있었습니다.

이 홀로코스트 생환자들에게 무슨 일이 일어났을까요? 자세한 것은 노무라 마리野村真理 씨의 《홀로코스트 후의 유대인ホロコースト後のユダヤ人》(세카이시쇼샤, 2012년)을 읽어 보시길 바랍니다만, 예를 들어 폴란드에서는 나치의 강제수용소에서 살아남아 고향에 돌아가면 기독교인 폴란드인에게 집을 빼앗겼다든가, 또 홀로코스트에서 살아남았지만 돌아간 고

향 마을에서 집단학살을 당하는 일도 일어났습니다. 미국으로 이주를 희망했던 유대인들도 많이 있었지만, 이 시기에 미국은 신규 이민을 받아들이지 않았습니다.

결국 연합군이 점령한 독일이나 독일이 과거 점령했던 동유럽 지역에서 갈 곳도, 돌아갈 곳도 없는 유대인 25만 명이 난민이 되었습니다. 연합군에게는 이 25만 유대인 난민 문제를 어떻게 해결할 것인가가 당시의 주요 과제 중 하나였습니다.

1947년 11월 29일, 유엔 총회에서 한 가지 결의가 이루어집니다. 유엔은 제2차 세계대전에서 승리한 연합국이 새로운 세계질서의 유지를 위해 만든 조직이죠. 이때 매우 중요한 과제였던 유럽의 유대인 난민 문제를 해결하기 위한 투표가 진행되었고, "팔레스타인을 분할하여 거기에 유럽의 유대인들의 나라를 만든다"라는 안을 유엔에서 찬성 다수로 가결한 것입니다.

왜 여기서 갑자기 팔레스타인이 나왔을까요? 이것에 대해서도 또 잠깐 시대를 거슬러 올라가 설명 드리겠습니다.

시오니즘의 탄생

19세기 말 유럽에서 '**시오니즘**'이라는, 팔레스타인에 '유대인 국가'를 건설하겠다는 정치적 프로젝트가 탄생합니다.

그 계기가 된 것은 1894년 프랑스에서 일어난 **드레퓌스 사건**이었습니다. 프랑스에서 유대계인 알프레드 드레퓌스 대위가 국가기밀누설죄로 기소되어 종신형을 선고받은 사건입니다. 억울한 누명을 쓴 것입니다. 이 사건은 당시 유럽의 유대계 지식인들에게 큰 충격을 줍니다.

근대 이전, 신이 절대적이었던 시대에 유럽 기독교 사회의 유대교도들은 예수가 구세주라는, 기독교인들에게는 절대적인 진리를 고집스럽게 인정하지 않음으로써 줄곧 차별을 받았지만, 근대 시민사회가 되면서 신앙이 개인 내면의 문제가 되고 신앙 유무와 상관없이 모두가 시민으로서 평등하게 되면서, 유대인에 대한 차별도 극복되는 것처럼 보였습니다. 서구 사회에서는 각 나라마다 프랑스인으로 혹은 독일인으로 '동화'하면 유대인에 대한 차별도 사라질 것이라고 생각했습니다.

동화 유대인 지식인들이 그렇게 생각하고 있을 때 일어난 일이 바로 드레퓌스 사건입니다. 드레퓌스는 군인이었습니다. 군인이란 조국을 위해 목숨을 걸고 싸우는 사람들입니다. 유대인일지라도 프랑스를 조국으로 삼고 프러시아의 유대인들과 싸우겠다고 맹세한 사람입니다.

동화되어 군인까지 되었어도 유대인이면 누명을 쓰고 종신형을 선고받는다, 근대 시민사회가 되더라도 유럽에서 유대인 차별은 없어지지 않는다, 동화하면 유대인 차별이 없어질 줄 알았는데 동화로는 해결이 안 된다. 이렇게 드레퓌스 사건은 동화 유대인들에게 큰 충격을 주었습니다.

근대 이전에는 유대인이라는 것이 신앙의 문제였기 때문에, 예를 들어 기독교로 개종하면—그것이 좋은지 나쁜지를 떠나—일단 기독교인이 될 수 있었던 것입니다만, 근대 이후 유대인이라는 것은 신앙이 아니라 피의 문제로 바뀌게 됩니다.

즉, 유대인이란 유대교를 믿는 사람이 아니라 유대인의 "피를 이어받은" 사람이라고 여겨진 것입니다. 신앙이 인종화된 것입니다. 자신은 가톨릭 신자라고 생각했던 사람 혹은 무신론자라고 생각했던 사람도 '유대의 피'를 이어받았다면 유대인이 되고 말았습니다. 그렇게 나치 독일은 600만 명으로 추산되는 유대인들을 죽였습니다. 근대 시민사회가 되어도 유럽 사회에서 반유대주의는 없어지지 않았습니다.

시오니즘은 인기가 없었다

드레퓌스 사건에 충격을 받은 사람 중 한 명이 오스트리아-헝가리 제국 출신 언론인 테오도르 헤르츨입니다.

그는 1896년, 진정으로 우리 유대인이 인간적으로 해방되기 위해서는 유대인에 의한, 유대인을 위한, 유대인의 나라를 만드는 수밖에 없다고 생각하고 《유대 국가Judenstaat》라는 책을 썼습니다. 이 책을 계기로 정치적 시오니즘 운동이 탄생합니다.

이듬해 스위스 바젤에서 제1차 세계 시오니스트 회의가 개최되어 팔레스타인에 유대인 국가를 건설하기로 결의합니다. 이후 시오니즘에 근거한 팔레스타인으로의 유럽 유대인들의 정착 활동이 시작됩니다.

다만 여기서 강조하고 싶은 것은 처음에는 시오니즘이 유대인들 사이에서 인기가 없었다는 것입니다.

유대교의 3대 축제 중 하나인 유월절에는 마지막에 "내년에는 예루살렘에서"라는 구호를 외칩니다. 그래서 시오니즘 같은 운동이 일어났다고 하면, 다들 예루살렘이 있는 팔레스타인으로 향했을 것 같지만, 그렇지는 않았어요.

독실한 유대교도에게 유대인은 세계에 이산해[뿔뿔이 흩

어져] 있는 사람, 어느 나라에서나 마이너리티의 존재로 여러 가지 차별을 당하는 사람이며, 이것은 신이 유대인에게 준 시련으로, 그 시련을 감수하면서 유대교도로서 신의 가르침에 따라 올바르게 살다 보면, 언젠가 신이 메시아를 보내 우리를 팔레스타인으로 돌려보내 준다―이것이, 적어도 기원 이후 유대교의 가르침입니다.

그래서 독실한 유대교도는 신이 메시아를 보내지도 않았는데 인간의 손으로, 아니 오히려 제국의 군사력을 이용해 자신들의 나라를 만들어 인위적으로 신이 준 시련인 이산[디아스포라] 상태에 종지부를 찍는 것은 유대교 그 자체의 부정이라고 생각합니다. 유대인이란 유대교를 믿는 사람, 그 가르침을 지키는 사람들이니까 정통파 유대교도들은 시오니스트가 더 이상 유대인이 아니라고까지 생각하기도 했습니다.

시오니즘이 인기가 없었던 또 다른 이유로는 당시 사회주의자나 코뮤니스트들은, 자신이나 조상이 나고 자란 그 나라가 조국이고, 그 나라에서 혁명에 의해 차별 없는 평등한 사회를 실현함으로써 유대인에 대한 차별도 없어진다고 생각했다는 점도 있습니다.

또, 지금 미국의 상황에서는 상상이 가지 않을지도 모르겠지만, 처음에는 미국의 유대인도 시오니즘과 거리를 두었습니다. 왜냐하면 미국의 유대인들은, 종교는 개신교가 아니었지만 "유럽에서 온 백인"이라는 점에서 미국 사회에서 사회적 엘리트가 될 수 있는, 계급 상승을 할 수 있는 그런 위치에 있었습니다. 그런 그들이 미국 외의 유대인 국가를 조국으로 삼는다는 것은 미국에 대한 충성심을 의심받게 할 수 있었습니다. 미국에서 특권적인 입장에 있거나 특권적 지위에 오를 가능성이 열려 있는 자신들에게 시오니즘을 지지하는 것이 마이너스라고 생각했기 때문입니다.

독실한 유대교도들이 "시오니스트는 유대인이 아니다"라고 생각한 데서 알 수 있듯이 시오니즘을 추진한 사람들은 동화 유대인이었고 비종교적인 사람들이었습니다. 그래서 유대인 국가를 만들자, 어디에 만들까를 생각했을 때, 헤르츨은 제국에 원조를 구걸합니다. 이탈리아는 리비아 근처가 어떻겠냐고 제안했고 영국은 당시 영국령 우간다를 제공하겠다고 말하기도 했습니다. 왜 이탈리아나 영국에 리비아나 우간다를 마음대로 유럽의 유대인에게 제공할 권리가 있었을까요? 바로 식민주의 때문입니다. 시오니스트 유대인들도 그것을 당연하게 생각했습니다.

식민주의로서의 시오니즘

정통파 유대교도가 시오니스트를 "더 이상 유대인이 아니다"라고 간주했듯이, 시오니스트들은 "신이 유대인에게 준 약속의 땅이다"라는 그들 자신의 종교적 열정에 이끌려 팔레스타인에서의 국가 건설을 계획했던 것이 아니었습니다. 그러나 시오니즘에 대한 유대인의 지지를 끌어모으기 위해, 정치적으로, 성경의 신화적 이야기를 이용했습니다.

야코브 라브킨Yakov M. Rabkin이라는, 캐나다에 거주하는 정통파 유대교도 역사학자가 있습니다. 라브킨 씨가 교토대학에서 강의하셨을 때 소개해 준 이스라엘의 농담이 있습니다. "시오니스트는 신의 존재는 믿지 않지만 '팔레스타인은 신이 유대인에게 준 약속의 땅이다'라는 말은 믿고 있다."

이스라엘이 어떤 나라인지에 대해서는 도쿄대학의 쓰루미 다로鶴見太郎 씨가 《러시아 시오니즘의 상상력ロシア・シオニズムの想像力》(도쿄대학출판회), 《이스라엘의 기원イスラエルの起源》(고단샤 선서 메치에)이라는 책을 썼고, 야코브 라브킨 씨도 시오니즘의 탄생 이후 정통파 유대교도가 시오니즘에 반대해 온 것을 논한 《토라의 이름으로トーラーの名において》(헤이본샤)나 《이스라엘이란 무엇인가イスラエルとは何か》(헤이본샤 신

서)라는 책을 썼으므로, 자세한 내용은 이 책들을 읽어 보시기 바랍니다.

유럽의 유대인이 팔레스타인이라는, 아랍인이 원래 살고 있는 아시아 땅에 유럽인인 자신들의 나라를 만든다는 이야기입니다. 이게 무엇을 의미하는 것일까요?

우선 여기서 강조하고 싶은 것은 그들이 왜 그런 발상에 이르렀는가인데요. 하나는 서구 사회가 근대 시민사회가 되어서도 유대인 차별, 반유대주의라는 유럽 기독교 사회의 역사적 고질병을 극복하지 못했다는 것입니다. 유럽의 유대인들은 유럽의 반유대주의라는 인종차별주의, 인종주의의 희생자입니다. 그것은 틀림없는 사실입니다.

하지만 그들 시오니스트 유대인들은 자신들의 인간 해방을 목표로 했을 때, 제국의 무력을 바탕으로 팔레스타인이라는 아시아의 아랍인이 살고 있는 땅에 유럽인인 자신들이 무력으로 나라를 만든다는 것에 대해서는 조금도 의심하지 않았습니다. 즉, 당시 유럽인들이 가지고 있던 아랍인, 무슬림, 아시아인 등에 대한 인종차별주의와 유럽인, 서양 백인이 군사력을 행사함으로서 그들의 땅을 자신들의 나라로 차지하는 것이 당연하다는 식민주의 정신을 시오니스트들도 당연한 것인 양 공유하고 있었다는 것입니다.

팔레스타인 분할안

20세기 전반기, 유럽 기독교 사회에서 면면히 이어져 온 유대인 차별의 역사, 그리고 근대 반유대주의의 정점을 이루는 사건으로서 나치 독일에 의한 유대인의 집단학살, 이른바 홀로코스트=쇼아가 일어납니다. 그 결과 제2차 세계대전 후 유럽에서 25만 명의 유대인이 난민이 되었다는 것은 이미 말했습니다.

이 유대인 난민 문제를 어떻게 해결할까라고 할 때, 유엔이 취한 해결책이 "그래, 시오니즘이 있지 않은가. 팔레스타인에 유대인의 나라를 만들겠다는 이 운동을 이용하자"라는 것이었습니다.

앞서 언급했듯이 시오니즘은 탄생 초기에는 열광적으로 이를 지지한 사람들도 있었지만, 유대인들 사이에서는 그닥 인기가 없었습니다. 19세기 말이면 시오니즘이 탄생한 지 50년이 지난 시기이지만 팔레스타인에 정착한 유럽 유대인은 60만 명 정도였습니다. 그 대부분은 시오니스트이기 때문에 팔레스타인에 온 것이 아니라 나치가 대두하면서 유럽에 있는 것이 위험해져 어쩔 수 없이 도망쳐 온 사람들이었습니다.

당시 팔레스타인인(아랍인) 인구는 120만 명 정도입니다. 유대인이 60만 명이기 때문에 유대인은 팔레스타인 총인구의 3분의 1입니다. 또한 유대인이 그때까지 구입하여 소유하고 있던 토지는 전체의 6퍼센트에 불과했습니다.

이 지도는 역사적 팔레스타인에서 팔레스타인인의 영토 변천을 보여주는, 팔레스타인인의 토지가 얼마나 줄어들었는지를 보여주는 지도인데요. 가운데 것이 1947년 유엔 총회에서 채택된 분할안의 지도입니다. 둘로 나눈다고 해도 남북으로 쪼개는 것이 아니라 흰색 부분이 유대 국가이고, 색칠된 부분이 아랍 국가입니다.

유대인 인구가 많은 지역은 가급적 유대인 국가로 편입하고 아랍인 인구가 많은 곳은 아랍 국가로 한다고 해서 이런 형태가 된 것인데, 인구상으로는 3분의 1, 토지에 관해서는 왼쪽 지도가 보여주듯이 몇 퍼센트밖에 가지고 있지 않았던 유대인들에게 역사적 팔레스타인의 토지 절반 이상을 준다는 안이었습니다.

이 분할안이 1947년 11월 29일 유엔 총회에 회부되기 전

팔레스타인 영토의 변천

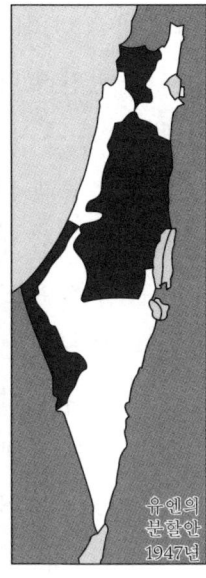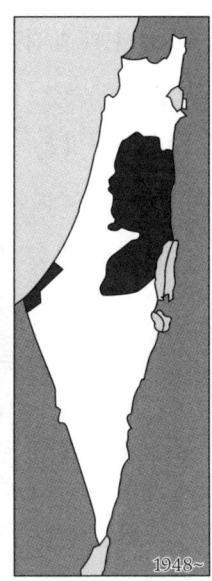

짙은 부분이 아랍 국가, 흰 부분이 유대인 국가

에, 유엔은 특별위원회를 설치하고 이 분할안에 대해 임시 위원회Committee, RI, Ad Hoc를 꾸려 검토하도록 했습니다. 임시 위원회는 분할안을 세세하게 검토하여 결론을 내렸습니다.

제1차 세계대전에서 오스만 제국이 패하고 오스만 제국 령이었던 동지중해의 아랍 지역을 프랑스와 영국이 식민지 분할한 결과, 팔레스타인은 당시 국제연맹에 의한 위임통치 라는 이름으로 영국의 식민지가 되었습니다.

그러나 위임통치라는 것은 그 땅에서 사는 주민이 독립할 수 있게 될 때까지 유엔이 다른 나라(이 경우에는 영국)에 통치를 위임한다는 것입니다. 완전히 다른 지역에 사는 사람들의 나라를 만들기 위해 위임통치 시스템이 있는 것이 아닙니다. 임시위원회는 분할안이 유엔 헌장 위반이며, 국제법도 위반했을 가능성이 있으므로 국제사법재판소에 자문을 구해야 한다고 했습니다. 즉, 법적으로 위법하다고 결론 내립니다. 또 경제적으로도 유대인 국가는 좋겠지만, 아랍 국가는 지속 불가능해진다고 지적했습니다.

게다가 임시위원회는 유럽의 유대인 난민 문제는 관련 당사국들이 가급적 신속하게 해결해야 하는 일이지만, 그것을 홀로코스트와 아무런 관련이 없는 팔레스타인인이 대가를 지불하게 하는 형태로, 팔레스타인 땅에 유대인의 나라를 만들어 해결하자는 것은 정치적으로, 단적으로 말해서 부정의unjust하다고 단언했습니다. 그리고 이런 분할안이 채택된다 하더라도 작동하지 않는다unpractical고 단언했습니다.

팔레스타인 분할은 유엔 헌장 위반이며, 법적으로도 불법이고, 아랍 국가는 경제적으로 지속 불가능한 것이며, 정치적으로는 부정의하다—이것이 임시위원회가 내린 결론입니다. 그런데 임시위원회에서 이렇게 결론 내린 분할안이 특별위원회에서 가결되고선 총회에 회부되어 소련과 미국의 다수파 공작에 의해 다수 찬성으로 가결되고 맙니다.

76년이 지난 지금(2023년) 돌이켜보면 바로 이 임시위원회의 결론이 옳았다는 것을 알 수 있습니다. 이런 것은 가능하지 않다고 임시위원회가 단언한 대로 이루어졌습니다. 그리고 지금 제2의 집단학살이 일어나고 말았습니다. 제2차 세계대전 이후 막 출범한 국제연합은 탄생한 지 불과 몇 년 만에 자신의 헌장 정신을 저버리는 결의를 한 것입니다.

"아랍은 분할안을 받아들이지 않았다"라고 이야기들 하는데, 임시위원회가 내렸던 결론을 보면요. 왜 아랍인들이 이런 부정의한 분할안을 받아들이고 자신들이 살고 있는 땅에 유럽 유대인의 나라를 만드는 데 동의해야만 했을까, 이렇게 생각하는 것이 당연한 일 아닐까요?

이 분할안이 채택된 것에 대해 훗날 이스라엘 초대 총리가 되는 시오니즘의 지도자 벤구리온은 뭐라고 했을까요?

지도상 아랍 국가가 있는 부분에 사는 사람은 거의 100퍼센트 아랍인이지만, 유대 국가 부분에 사는 유대인은 60퍼센트 정도이고, 나머지 40퍼센트는 아랍계입니다.

벤구리온은 "설령 유대인 국가가 생긴다 해도 유대인 인구가 60퍼센트라면 안정적이고 강력한 유대인 국가가 될 수 없다"라고 했습니다. 다시 말해 안정적이고 강력한 유대인 국가로 만들기 위해서는 유대인 국가의 영토에 있는 아랍인을 가능한 한 배제하라는 말입니다. 즉, 인종청소를 교사한 것입니다.

팔레스타인을 강타한 인종청소: '나크바(대재앙)'

유엔 결의 직후인 1947년 11월 말부터 1948년 5월의 이스라엘 건국을 사이에 두고 1949년 연초까지, 1년 이상에 걸쳐 팔레스타인 곳곳에서 팔레스타인 사람들에 대한 인종청소의 폭풍이 몰아치게 됩니다.

1948년 4월 9일, 예루살렘 외곽에 있는 데이르 야신Dayr Yāsīn이라는 팔레스타인 마을에서 남녀노소를 불문하고 마을 주민 백 명 이상이 집단학살되는 사건이 있었습니다(여학생들은 살해되기 전에 강간당했습니다).

이르군 츠바이 레우미Irgun Zvai Leumi와 레히Lehi라는 유대인 민병대가 자행한 학살입니다. 이르군의 지도자 메나헴 베긴은 훗날 이스라엘 총리가 되어 이집트의 사다트 대통령과 평화조약을 맺음으로써 노벨 평화상을 수상하게 되는 인물입니다.

 이 사건 직후 학살 주모자들은 사건을 은폐하려고 꾀하기는커녕 기자회견을 열고 내외신 기자들에게 자신들이 아랍인 200여 명을 죽였다고 희생자 수를 두 배로 늘려 발표합니다. 사건은 팔레스타인 안팎에 일제히 보도되었습니다. 이것이 팔레스타인에 남아 있는 팔레스타인 사람들의 운명이라고 선전한 것이지요. 이 사건 이후 팔레스타인 사람들은 유대인 민병대가, 이스라엘 건국 후에는 이스라엘군이 자신들의 마을이나 마을에 쳐들어오면 부랴부랴 옷만 입은 채로 도망치게 됩니다.

 학살 주모자의 프로파간다도 있었기에 오랫동안 이 데이르 야신 사건이 당시의 인종청소를 상징하는 집단학살로 여겨졌지만, 현재는 팔레스타인 각지에서 데이르 야신을 능가하는 학살까지 포함한 다수의 집단학살이 일어났다는 것이 알려져 있습니다.

 이렇게 해서 1948년, 이스라엘은 팔레스타인 사람들에 대해 의도적인, 조직적이고 계획적인 인종청소를 저질렀습니다(달레트 계획 Plan Dalet). 75년 전 팔레스타인 사람들을 강타한 이 인종청소, 조국 상실의 비극을 아랍어로 **나크바** al-Nakbah, an-Nakbah'라고 합니다. 영어로 하면 '그레이트 카타스트

나크바(1948년)

나크바에 의해 마을에서 쫓겨난 팔레스타인 사람들 사진 : 로이터/아프로

로프great catastophe', 큰 재앙이라는 뜻입니다.

그곳에 있으면 죽임을 당한다, 아내나 딸이나 자매가 강간당한다. 그런 다급한 공포에 휩싸여 모두 도망쳤지만 일단 도망쳐 국경을 넘은 사람들은 75년이 지난 지금도 손자, 손녀는 물론이고 증손자, 그다음 세대가 되어도 고향으로 돌아가지 못하고 있습니다.

그들은 안전한 상태가 되면 다시 돌아오겠다고 생각했어요. 그래서 도망간 거죠. 집 열쇠를 가지고요. 만약 손자

대가 되어도 마을로 돌아갈 수 없다는 것을 알았더라면, 죽임을 당하더라도 남아서 싸웠을 것이라고 말하는 사람이 많습니다.

일란 파페라는 이스라엘 출신 역사가가 쓴 《팔레스타인의 인종청소パレスチナの民族浄化》(호세대학출판국, 2017)라는 책이 있습니다. 그는 반시오니스트 유대인입니다.

파페는 팔레스타인 사람들이 전쟁으로 인해 난민이 된 것이 결코 아니라고 단언합니다. 아랍인이 다수를 차지하는 팔레스타인에 유대인이 압도적 다수를 차지하는 유대인 국가를 만들려면, 인종청소가 불가피했습니다. 즉, 시오니즘이라는 프로젝트에 팔레스타인 사람들에 대한 인종청소가 본질적이고 불가피하게 포함되어 있었다는 것을 이 책은 논증하고 있습니다.

파페는 이스라엘 하이파대학의 교수였는데, 시오니즘을 비판하는 자세가 문제시되어 교수회에서 파페를 대학에서 추방하자는 결의가 이루어집니다. 그 당시에는 전 세계적으로 반대 서명이 모여들어 추방은 면했지만, 가족의 목숨을 보장하지 않겠다는 협박을 받고 영국의 대학으로 옮겼습니다. 그는 이스라엘 유대인으로서 이스라엘 안에서 이 식민주의적 침략에 의해 만들어진 아파르트헤이트 국가 이스라엘을 바꾸려고 했지만 뜻을 이루지 못했습니다.

이스라엘 건국과 같은 해인 1948년 12월 10일, 유엔 총회에서 세계인권선언이 채택됩니다. 그 제13조 2항에는 "모든 사람은 자기 나라를 포함한 어떤 나라로부터도 출국할 권리가 있으며 또한 자기 나라로 다시 돌아올 권리가 있다"라고 적혀 있습니다. 즉, 자신들의 나라로 돌아가는 것은 기본적 인권이라는 것입니다.

세계인권선언이 채택된 다음 날, 유엔 총회에서 총회 결의 194호를 채택합니다. 거기에는 이스라엘 건국에 의해 난민이 된 팔레스타인인들은 즉각 자신들의 고향으로 돌아갈 권리가 있다, 귀환을 희망하지 않는 난민에 대해서 이스라엘은 그들이 자신들의 고향에 남겨 둔 재산을 보상해야 한다, 라고 서술되어 있습니다. 팔레스타인 난민이 이스라엘이 되어 버린 자신의 마을로 돌아가는 것은 그들의 기본적 인권이며 국제사회도 인정하는 팔레스타인 사람들의 민족적인 권리라는 것입니다.

그러나 팔레스타인 난민은 75년이 지나 손자·손녀, 증손자 세대가 되어도 고향으로 돌아가지 못하고 있습니다. 이스라엘이 그들의 귀환을 현재까지도 인정하지 않고 있기 때문입니다. 인정하지는 못할망정 이스라엘에 의한 인종청소는 형태를 바꾸면서 오늘날까지 계속되고 있습니다. 나크바는 75년 전에 일어난 끝나 버린 과거의 일이 아니라 지금까지도 계속되는 현재진행형 사태입니다.

이스라엘 국내에서의 움직임

지금까지의 내용을 정리하면, 유대인 국가 이스라엘의 건국은 인종주의에 근거한 식민지주의적인 침략이라는 것, 그리고 팔레스타인 사람들을 인종청소함으로써 유대인에 의한 유대인을 위한 유대인 지상주의 국가가 팔레스타인에 만들어졌다는 것입니다. 그 폭력은 건국 이래 현재에 이르기까지 줄곧 계속되고 있습니다.

이것은 할리우드에서 제작되는 홀로코스트를 주제로 한 영화에서는 전혀 이야기되지 않는, 이스라엘이라는 나라에 대한 역사적 사실입니다. 유대인이 조국을 가진 결과, 팔레스타인 사람들은 제2의 유대인, 현대의 유대인이 되어 버렸습니다.

그리고 유럽 기독교 사회에서 유대인 차별의 역사와 근

대 반유대주의의 정점으로서 홀로코스트, 그 일들에 책임을 져야 할 서양 국가들이 그 책임을 팔레스타인 사람들을 희생시킴으로써 갚았다는 것입니다. 자신들의 역사적 범죄의 대가를 팔레스타인 사람들더러 치르게 하고, 지금까지 저질러지고 있는 팔레스타인 사람들에 대한 이스라엘의 범죄 행위를 모두 시인함으로써 서양 국가들은 그 역사적 불의를 더욱 가중시키고 있습니다.

지금으로부터 75년 전인 1948년 팔레스타인을 강타한 인종청소의 폭력인 '나크바'. 지금 이스라엘의 각료들과 국회의원들은 가자지구의 팔레스타인 사람들에게 다시 한번 나크바를 맛보게 하겠다고 공언하고 있습니다(아비 디흐테르 농업부 장관, 아리엘 케렐 국회의원 등). 가자지구에서 팔레스타인 사람들을 완전히 인종청소하겠다는 뜻입니다.

이스라엘에 조흐로트Zokhrot라는 NGO가 있습니다. 히브리어로 "그녀들은 기억하고 있다"라는 뜻으로, 반시오니스트 단체입니다.

시오니즘의 내셔널 이데올로기에 기초한 역사관에서 볼 때, 이스라엘 건국은 유대 민족에게는 영광의 순간입니다. 그래서 이스라엘에서는 팔레스타인 사람들에 대한 폭력, 인종청소를 통해 자신들의 나라가 만들어졌다는 기억은 철저히 억압되고 있습니다. 그런 이스라엘에서 조호로트는 자신들의 나라가 누구에 대한 어떤 폭력으로 만들어졌는가라는, 팔레스타인 사람들의 나크바의 기억을 이스라엘의 국어인 히브리어로 이스라엘의 역사 속에 기록하여 이스라엘 유대인의 기억에 새기자는 운동을 하고 있는 사람들입니다.

이스라엘 학교의 역사 교육에는 당연히 '나크바' 등은 나오지 않습니다만, 뜻있는 교사들이 자율적으로 나크바를 아이들에게 가르칠 수 있도록 조호로트는 나크바를 가르치기 위한 역사 부교재를 제작하고 어떻게 수업하면 좋을지 워크숍도 진행하고 있었습니다. 그러나 교육부 장관의 통지로 조호로트가 제작한 교재를 사용하는 것은 금지되었습니다.

또한 2011년에는 통칭 나크바 법이라고 불리는 법률이 이스라엘 국회에서 통과되었습니다. 이스라엘 인구의 20퍼센트는 팔레스타인인인데, 이 법에 따라 나크바를 공적으로 애도하는 것이 금지되었습니다.

인구 과밀 지역, 가자지구

1948년 팔레스타인에서 벌어진 인종청소의 결과, 팔레스타인 사람 약 75만 명이 고향에서 쫓겨났고, 이들은 이때 요르단강 서안지구와 가자지구 등으로, 점령을 면한 팔레스타인을 비롯해 레바논, 시리아, 요르단과 이집트 등 주변 아랍 국가에 난민으로 이산합니다. 가자지구에는 당시 주민이 8만 명 있었습니다. 거기에 두 배 이상인 19만 명이 주변 지역에서 쫓겨나 난민으로 가자지구로 왔습니다.

이 책 맨 앞에 수록한 가자지구 지도에는 당시 유엔이 그들을 위해 만든 난민촌이 기재되어 있습니다. 가자지구 자체가 하나의 커다란 난민촌 같은 거죠.

가자지구의 면적은 약 360평방킬로미터입니다. 도쿄 23구의 60퍼센트 정도입니다.* 현재 인구는 230만 명. 가자지구는 "세계에서 가장 인구밀도가 높은 땅"이라고 하는데 230만의 인구를 360으로 나누면 1평방킬로미터당 6300명입니다. 일본 도시의 인구 순위로 보면, 간사이로 치면 야오시, 수도권으로 치면 후지사와시 정도입니다.**

지금 세계에서 가장 인구밀도가 높은 도시는 필리핀 마닐라입니다. 1평방킬로미터당 4만 6천 명입니다. 일본에서 가장 인구 밀도가 높은 곳은 도쿄도 도시마구豊島区로, 1평방

* [옮긴이] 서울의 605.2평방킬로미터의 절반 이상.
** [옮긴이] 한국은 2022년 기준으로 대구의 230만 명과 비슷하다. 대구의 면적은 886.6평방킬로미터.

나크바(1948년)로 난민이 된 팔레스타인 사람 수

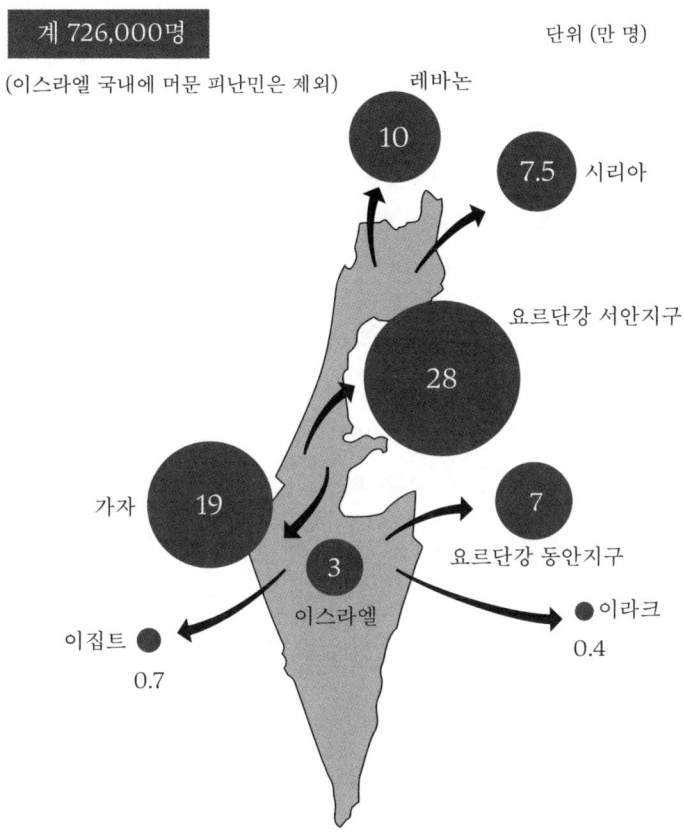

UN Economic Survey Mission for the Middle East(1950)를 바탕으로 작성함.

킬로미터당 2만 3천 명입니다.

그렇게 보면 가자지구의 1평방킬로미터당 6300명은 "세계에서 가장 인구가 과밀한 곳"이라고는 전혀 말할 수 없죠. 그래서 보도에서 "가자지구는 세계에서 가장 인구가 과밀한 곳"이라고 말하는 프로그램은 믿지 마세요. 프로그램을 제작할 때 계산기로 계산조차 하지 않았다는 것이니까요.

그러면 "인구밀도가 높다"는 것이 틀린 말이냐 하면, 그렇지는 않습니다.

1948년 해안가에 있는 해변 난민촌에 2만 3천 명이 들어왔습니다. 이곳의 면적은 약 0.5평방킬로미터이므로, 1평방킬로미터로 환산하면 5만 명이 넘습니다. 이 당시에 이미 현재 마닐라의 4만 6천 명을 훨씬 능가했습니다. 자발리야 난민촌(1.4평방킬로미터)에는 3만 5천 명이 들어왔습니다.

그로부터 75년이 지난 현재 인구는 어떤가 하면, 해변 난민촌에는 0.5평방킬로미터에 9만 7천 명, 1평방킬로미터로 환산해 18만 명입니다. 더 이상 상상할 수 없을 정도로 과밀합니다. 자발리야는 3만 5천 명이었던 것이 현재 11만 6천 명, 1평방킬로미터당 8만 2천 명입니다.

즉, 인구 과밀이라고 하는 것은 가자지구 전체라기보다는 지금 보는 가자의 인구밀도 그림 같은 형태로 인구가 집중

가자·난민촌의 인구 변천		
난민촌	2023년 7월	1949년
해변 난민촌	90,713/0.52km^2	23,000명
자발리야	116,011/1.4km^2	35,000명
라파	133,326/1.23km^2	41,000명

출처: 2023년 난민 수는 UNRWA 사이트에서, 1949년의 난민 수는 아래 사이트에서.
https://www.jewishvirtuallibrary.org/gaza-strip-refugee-camp-profiles#a

가자의 인구 집중 구역

©Leo Delauncey/MailOnline에 나온 지도를 바탕으로 작성함.

제1부. 가자란 무엇인가

되어 있는 것입니다. 가자시 인구가 59만 명, 가자지구 북부 전체에 백만 명 이상의 사람들이 살고 있습니다(사람이 살지 않는 곳은 농지 등입니다). 그리고 1평방킬로미터당 20만 명에 가까운 사람들이 살고 있는 난민촌 같은 곳이 지금 무차별적으로 공격받고 있는 것입니다.

하마스의 탄생

이번 공격을 주도한 하마스는 어떤 조직일까요?

앞서 말씀드린 1948년의 인종청소, 나크바로 75만 명 이상의 팔레스타인 사람들이 난민이 됩니다. 그로부터 9년이 지난 1957년, 아라파트 의장이 이끄는 민족해방운동 조직 '파타'가 탄생합니다.

1967년 제3차 중동전쟁에서 이스라엘은 1948년 전쟁에서는 점령하지 못했던, 성지가 있는 동예루살렘과 요르단강 서안지구, 가자지구, 이집트의 시나이반도와 시리아의 골란고원을 일거에 점령합니다.

나크바로부터 20년 가까이 팔레스타인 사람들은 국제사회가 자신들을 고향으로 돌려보내 줄 것이라 믿고 줄곧 난민촌 텐트에서 살아왔지만, 그와는 정반대로 이스라엘의 점령은 더욱 확대되고 말았습니다. 역사적 팔레스타인의 전 국토가 이스라엘에 점령되어 버린 것입니다. 유엔 혹은 국제사회에서 불쌍한 난민으로 여기고 텐트나 식량을 지원해 주긴 하지만, 이 문제를 정치적으로 해결해 자신들을 고향으로 돌려보낼 의지가 없다는 것을 이때 팔레스타인 사람들은 통감합니다.

1967년 이스라엘의 점령을 계기로 국제사회가 아무것도 해 주지 않는 이상, 자신들 손으로 조국을 해방시킬 수밖에 없다고 생각한 사람들이 난민촌에서 나고 자란 2세대를 중심으로 마르크스-레닌주의를 표방하는 PFLP(팔레스타인해방인민전선)나 DFLP(팔레스타인해방민주전선) 같은 무장 해방 조직을 결성합니다.

그로부터 20년이 더 흘러 1987년에 팔레스타인에서 제1차 인티파다가 일어납니다. 국제사회는 "이스라엘의 점령은 위법"이라 하면서도, 점령의 지속에 대해서는 아무런 실효적인 조치를 취하지 않았습니다. 20년에 걸친 점령하에서 억눌린 민중의 분노가 폭발한 것이 인티파다입니다. 자신들 손으로 이스라엘과 싸우려고 아이들도 완전무장한 이스라엘 병사에게 돌을 던졌기에 '돌의 혁명'이라고도 불렸습니다. 여성들도 돌을 부수거나 싸우는 젊은이들을 숨겨 주며 인티파다에 참가합니다.

이때 가자지구에서 **이슬람주의를 표방하는 민족해방 조직 '이슬람저항운동(약칭 하마스)'**이 탄생합니다.

즉, 하마스는 파타나 PFLP, DFLP와 마찬가지로 점령된 조국을 해방시키는 민족해방운동 조직이며, PFLP가 마르크스-레닌주의를 내세우는 반면, 하마스는 이슬람주의를 내세우는 그런 단체입니다.

오슬로 협정 이후 7년 동안

1993년, **오슬로 협정**이 체결됩니다. 오슬로 협정은 이스라엘과 팔레스타인해방기구PLO가 상호 승인하고 이스라엘군은 점령하고 있는 요르단강 서안지구와 가자지구에서 점차 철수하고 팔레스타인이 잠정적 자치를 시작하며, 향후 5년 동안 '최종적 지위'에 대해 합의하여 공정하고 영속적인 포괄적 평화를 실현한다는 내용이었습니다. 1994년에는 팔레스타인 자치정부가 출범하여 잠정적 자치가 시작되는데, 합의 후 7년이 지난 2000년에 제2차 인티파다가 일어납니다.

제2차 인티파다가 시작되기 3개월 전, 저는 팔레스타인에 갔습니다. 오슬로 협정 후 7년, 전 세계적으로 두 국가 해결의 틀에서 이 지역에도 드디어 평화가 찾아올 것이라 이야기되었지만, 실제로 현지에 가 보니 팔레스타인 자치정부가 들어선 서안지구 라말라에서조차 팔레스타인 사람들이 땅을 점점 빼앗기고 있었고 정착촌을 점점 더 짓고 있는 것을 목격했습니다.

1967년 제3차 중동전쟁에서의 점령부터 1993년 오슬로 협정까지 26년. 1993년 오슬로 협정으로부터 2000년 제2차 인티파다까지 7년입니다. 불과 7년 동안 정착민의 수는 전보다 1.5배로 늘었습니다. 엄청난 기세로 정착지가 확대되고 정착이 진행되고 있었습니다.

원래 오슬로 협정에 따르자면 가자지구와 서안지구에 팔레스타인 독립 국가를 만들 것이기 때문에 그때까지 이스라엘이 만든 정착촌은 철수시켜야 할 것입니다. 하지만 이스라엘이 한 일은 그와는 정반대였습니다.

당시 보도에서는 이스라엘과 당시 팔레스타인 자치정부를 맡고 있던 파타가 두 국가로 평화공존을 하려고 하는데 하마스가 이스라엘을 증오해서 평화를 반대하고 있다고 했습니다. 팔레스타인 전역의 해방을 내건 하마스가 두 국가

해법을 내세운 오슬로 협정에 반대한 것은 사실이지만, 애초에 이스라엘에는, 비록 서안지구와 가자지구의 작은mini 국가라 할지라도, 주권을 가진 팔레스타인 독립 국가를 만들게 할 생각이 추호도 없었던 것입니다.

현재 서안지구는 파타가 자치정부로서 통치하고 있습니다만, 이스라엘은 자치정부에다 말하자면 점령의 하청을 맡기고 있습니다. 가자지구를 통치하는 하마스가 주민을 억압한다고 비판받지만, 주민을 억압하는 것은 파타 자치정부도 마찬가지입니다. 자치정부를 비판할 수는 없습니다. 이스라엘의 점령에 대한 항의 시위도 자치정부가 단속합니다. 자치라고 해도 기껏해야, 이러한 형태의 자치밖에 인정하지 않습니다. 하지만 그래도 괜찮다는 것이 파타 자치정부입니다. 지금 서안지구에서는 자치정부가 있는 편이 독립을 달성하는 데 오히려 더 해롭다는 목소리가 지배적입니다.

세계가 '평화 프로세스'라고 불렀던 오슬로 협정 이후 7년이라는 시간은 점령하의 팔레스타인 사람들에게는 점령으로부터 해방되리라는 꿈, "독립국가"의 꿈이 손가락 사이로 모래가 흘러내리듯 나날이 멀어져 가는, 그러한 절망의 프로세스였습니다.

그 절망이 2000년 제2차 인티파다로 폭발했습니다. 이때는 하마스뿐만 아니라 PFLP도, 아라파트가 이끄는 파타 전투원들도 이스라엘 영내에 들어와 자폭 공격 등을 감행했습니다.

그 후 2005년, 가자지구에서 이스라엘의 모든 정착촌이 철수하고, 이에 따라 이스라엘군도 철수합니다. 당시 이스라엘 총리 아리엘 샤론은 이것이 평화를 위한 일이라고 말했습니다. 그러나 가자지구에서 철수한 정착민들은 요르단강 서안지구에 새로 정착했습니다. 게다가 정착민도 이스라엘군도 철수하자 가자지구에는 팔레스타인 사람들만 남게 되었기 때문에, 이후 벌어진 일처럼 가자지구를 봉쇄하고 전역을 무차별적으로 폭격하는 일이 가능해진 것입니다.

민주적 선거에서 승리한 하마스

2006년 팔레스타인 입법평의회 선거가 치러집니다. 일본으로 치면 총선에 해당합니다. 이 선거는 EU의 감시단 등도 와서 근래 보기 드문 민주적인 선거였다고 보증해 주었는데, 그 선거에서 하마스가 승리를 거뒀습니다.

하마스에 투표한 사람들은 이슬람주의자나 하마스 지지

자뿐만이 아니었습니다. 13년 동안 파타가 자치정부를 맡았지만 부패하고 팔레스타인 독립 국가 건설을 위해 아무것도 하지 않았으니, 그러면 하마스에게 맡겨 보자고 투표한 사람들도 있었습니다.

하마스는 처음에는 자신들끼리만 내각을 구성했지만, 하마스를 테러 조직으로 간주하는 이스라엘과 미국은 하마스의 정부를 인정하지 않았습니다. 그에 따라 하마스는 파타의 멤버도 포함시켜 통합정부를 만듭니다. 하마스 헌장에는 팔레스타인 전역의 해방이 명시되어 있는데, 이때 하마스는 미국의 조지 W. 부시 행정부에 "이 통합정부를 승인해 준다면 오슬로 협정에 따라 가자지구와 서안지구에 주권을 가진 팔레스타인 독립 국가를 만들고 이스라엘과 장기간 휴전 조약을 맺을 준비가 되어 있다"라고까지 제안했습니다.

이에 대한 미국의 반응은 어땠을까요?

미국과 EU 국가들은 파타의 멤버들에게 군사훈련을 시켰고, 미국은 당시 가자지구 파타의 치안 부문 책임자였던 무함마드 다흘란이라는 인물에게 군수품(무기나 식량)을 제공하여 하마스에 대한 쿠데타를 획책하게 합니다. 일찍이 1973년 미국의 뒷마당인 칠레에 사회주의 아옌데 정권이 들어섰을 때 미국이 피노체트 장군을 포섭해 쿠데타를 일으켰던 적이 있는데, 이와 똑같은 일을 가자지구에서 벌이려 한 것이죠. 가자지구는 내전 상태가 됩니다.

그런데 미국과 이스라엘의 의도와 달리 이 내전에서 승리한 것은 하마스였습니다. 다시 말하지만, 원래 하마스는 민주적인 선거로 집권 여당이 되었습니다. 그 하마스에게 정권이 이양되는 것을 인정하지 않고 미국은 쿠데타를 획책하려 했지만, 하마스가 기선을 제압하고 승리한 것입니다.

지금 "가자지구를 실효 지배하는 이슬람 근본주의 조직 하마스" 같은 말을 들으면, IS(이슬람국) 같은 폭력 집단이 무력으로 가자지구를 제압하고 지배하는 것처럼 들릴지 모르지만, 실상은 전혀 다르다는 것입니다.

미국이 일으킨 가자지구의 내전으로 인해 팔레스타인은 분열됩니다. 가자지구의 하마스 정권과 서안지구의 파타 정권이라는 이중 정권이 되었습니다. 그리고 미국이나 이스라엘이 테러 조직으로 간주하는 하마스를 집권당으로 선택한 팔레스타인 사람들에 대한 집단적 징벌로 2007년에 **가자지구에 대한 전면 봉쇄**가 시작됩니다.

그 전부터도 하마스를 옥죄기 위해 가자지구가 줄곧 봉쇄되었지만, 이때부터는 전면적인 봉쇄가 시작됩니다. 인간의 출입 지역, 물자의 반입과 반출, 모든 것을 이스라엘이 관리합니다. 남쪽 국경은 이스라엘과 동맹을 맺고 있는 이집트가 관리하고 있습니다. 집단적 징벌은 국제법 위반입니다.

2014년에 통합정부를 실현하려는 움직임이 있었지만 그 후에 51일간의 전쟁이 일어나면서, 이 이야기는 무산됩니다.

51일간의 전쟁의 직접적인 계기가 된 것은 서안지구에서 이스라엘 정착촌 청년 3명이 팔레스타인 사람에게 살해된 사건입니다. 이스라엘은 이를 하마스에 의한 것이라고 주장했고(하마스는 지금도 부인하고 있습니다), 가자지구에 대한 공격으로까지 발전했습니다만, 정치적으로는 바로 이 통합정부를 만들려는 움직임을 무력화시키기 위한 것이었습니다. 바로 분할하여 통치하라는 제국주의의 논리 그대로의 일이 자행되고 있는 것입니다.

저항권 행사로서의 공격

지금까지 설명했듯이 언론 보도와는 달리 하마스는 점령된 조국의 해방을 목표로 하는 민족해방운동 조직입니다. 그리고 이번 2023년 10월 7일에 하마스 주도로 가자지구의 팔레스타인 전투원들이 벌인 기습 공격은 점령군인 이스라엘군에 대한 저항으로서 국제법상 인정되는 저항권 행사입니다.

점령 상태에 있거나 식민지 지배하에 있는 사람들은 무력 투쟁이나 저항을 포함해 국제법상 저항권이 인정됩니다. 단, 이 경우 군인임을 제대로 알 수 있는 복장을 갖춰야 하고 점령군이나 점령군 병사를 공격 대상으로 삼아야 한다, 등의 규정이 있습니다.

그래서 이번 공격에 대해 팔레스타인 정보 사이트에서 보도되는 내용을 읽어 보면 우선 "하마스"에 의한 공격이라고는 적혀 있지 않습니다. "하마스 주도의 전투원"들입니다. PFLP는 이번의 기습 공격을 지지한다는 성명을 냈습니다. 하마스가 주도한, 이슬람 성전과 PFLP 등 팔레스타인 해방을 표방하는 여러 민족 조직이 참여한 해방을 위한 작전입니다.

일본의 보도에서는 하마스가 가자지구로부터 이스라엘 측으로 침입하여 음악 축제와 키부츠 민간인을 잔인하게 살해했다고 합니다. 가자지구 전투원들이 키부츠를 습격한 것은 사실이지만, 그들은 가자지구 주변의 이스라엘군 거점 12곳을 공격한 것입니다.

키부츠 습격, 이것은 국제법 위반이자 전쟁범죄입니다. 키부츠의 민간인을 구금하고 가자지구로 데려간다는 작전도 원래 계획된 것 같은데요. 민간인을 끌어들이는 것도 전쟁범죄입니다. 하마스가 작전으로 그것을 행하는 것은 전쟁범죄입니다만, 우선 표적으로 삼은 것은 가자지구 주변의 이스라엘군 기지 12곳이었으며, 그곳을 점거해 교전을 벌였습니다. 그리고 그 후, 출동한 치안 부대와의 교전으로 모두 살해당했습니다. 그러니까, 바로 죽은 사람은 말이 없습니다. 이런 것은 전혀 보도되지 않고 키부츠를, 음악 축제를 습격해 민간인을 죽였다는 것만 보도됩니다.

죽은 사람에게는 입이 없지만 살아 있는 인간에게는 입이 있습니다.

야스민 포라트Yasmin Porat라는, 이스라엘 북부의 키부츠 거주자가 이때 상황을 증언하고 있습니다. 그녀는 이날 우연히 키부츠 외곽에서 열린 야외 음악 축제에 참석했고, 그곳에서 습격을 당해 키부츠로 피신했습니다. 그리고 전투원에게 발각되어 키부츠 주민 8명 정도가 인질로 잡혀 있는 집으로 끌려갔지만, 전투원들은 자신들을 인도적으로 대우했다고 말했습니다.

포라트 씨의 인터뷰는 이스라엘 국영 라디오 프로그램을

통해 방송되었습니다. 아마도 습격의 생환자인 그녀의 인터뷰를 기획한 라디오 방송국 측은 정반대의 이야기를 들을 수 있을 거라고 생각해서 의뢰했을 텐데, 그 기대를 저버리고 그녀가 증언한 것은 팔레스타인 전투원들이 매우 인도적이었다는 것이었습니다. 히브리어를 할 줄 아는 전투원이, 우리는 당신들을 가자지구에 데려갈 생각이지만 절대 죽이지 않을 테니 안심하라고 말했고, 가끔씩 물을 주었고, 집안이 정전이 되어 덥다고 하면 밖으로 데리고 나가 시원하게 해 주었다고도 말합니다.

그런데 이스라엘 치안 부대는 그곳에 도착하자마자 일제 총격을 가했습니다. 밖에서 더위를 식히고 있던 인질들은 물론이고 전투원들까지 모두 이스라엘 치안 부대에 살해당했다고 그녀는 증언했습니다. 그녀가 왜 살아남았냐면, 팔레스타인 전투원 중 한 사람이 투항을 결심하고 그녀를 인간 방패로 삼아, 그녀가 히브리어로 밖에 있는 이스라엘 군인들에게 공격하지 말라고 말하며 밖으로 나갔기 때문에 그녀도 그 전투원도 살아남을 수 있었다고 했습니다. 그런데 아직 인질이 남아 있던 집에 치안 부대가 포격을 가해 집이 산산조각 났고 안에 있던 인질들도 모두 살해당하고 말았다고 합니다.

이스라엘에 매우 불리한 사실을 증언한 셈입니다. 이 인터뷰는 국영방송 사이트에서 삭제되었지만, 이를 녹음한 사람들이 SNS를 통해 퍼뜨렸습니다.*

포라트 씨는 키부츠 주민이 하마스에게 학살된 사진으로 공개된 것은 이스라엘 치안 부대에 의해 살해된 것이며, 학살된 희생자로 소개된 사진 중에는 팔레스타인 전투원들의 것도 있다고 증언했습니다.

10월 7일 공격에 대해 이스라엘 언론은 잔인하고 피에 굶주린 테러리스트의 소행이라고 보도했습니다. 하지만 그렇지 않습니다.

생각해 보세요. 그들은 편도 티켓이라는 것을 알고서 가고 있는 거예요. 조부모 혹은 그 부모 대에 인종청소의 폭력으로 난민이 되어 가자지구에 온 후, 자신들의 고향이 바로 저 너머, 바로 코앞에 있는데도 갈 수가 없는 것입니다. 고향으로 돌아가지 못한 채 돌아가신 조부모님을 대신해 그 고향의 흙을 자신의 발로 밟는 것, 이를 위해 몇 시간 후에 자신이 죽임을 당할 것을 각오하고 해방을 위해 가자지구의 울타리를 넘어가는 거예요. 앞서 소개한 이스라엘의 유대인

---

* https://electronicintifada.net/content/israeli-forces-shot-their-own-civilians-kibbutz-survivor-says/38861 [검색일 2024년 8월 14일]

역사가인 일란 파페는 그들의 "이러한 용기에 찬사를 보낸다"라고 말하고 있습니다.

이스라엘 대통령은 팔레스타인 전투원들을 '하마스'로 묶은 뒤 그들을 '인간의 모습을 한 괴물human monster'이라고 했습니다. 이스라엘 국방장관은 '인간의 모습을 한 동물human animal'이라고 말했습니다.

물론 민간인을 습격해 인질로 잡는 작전에 관해서는 인정할 수 없는 것이 있습니다. 비록 이 민간인들이 예비역 군인이고 이 키부츠들이 이스라엘군이 가자지구를 공격할 때의 전초기지로 사용되고 있다 해도 말입니다.

그러나 역사적 맥락을 감안한다면, 그들이 유대인에 대한 증오로 민간인을 죽이는 테러리스트라는 말은 사실과 전혀 다르다는 것을 알 수 있습니다. 민간인을 끌어들이는 작전의 옳고 그름은 엄격하게 따져야 하지만, 이 군사 공격 자체는 점령된 조국의 해방을 위해 실행된 것입니다.

이스라엘이 기를 쓰고 부정하고 싶어 하는 것이 바로 이것입니다. 조국을 점령에서 해방시키기 위해 가자지구의 팔레스타인 젊은이들이 죽음을 각오하고 싸우고 있는, 대의명분이 있는 싸움을 벌이고 있다는 이 역사적 맥락이야말로 이스라엘에게 가장 불편한 것이기 때문입니다. 그것은 자신들이 어떻게 나라를 만들었는지, 그 피비린내 나는 폭력적인 경위를 드러내는 것이기 때문입니다. 그래서 그 역사적 맥락은 될 대로 지워 버리고 '피에 굶주린 테러리스트 하마스'가 IS보다 더한 폭력을 자행하고 있다는 정보를 먼저 흘린 것입니다.

'봉쇄'란 무엇인가

가자지구가 봉쇄되어 있다는 것이 언론에서도 이야기되고 있지만, 16년 이상에 걸친 전면 봉쇄가 어떤 것인지, 그곳에 살고 있는 사람들에게 이게 도대체 어떤 폭력인지에 대해서는 전혀 보도되지 않고 있습니다. 봉쇄가 무엇인지, 여러분은 아시나요?

어려운 것은 전쟁 같은 직접적 폭력이라면 물리적 파괴를 수반하기 때문에 그 폭력성을 굉장히 '알기 쉽다'는 것입니다. 폭격을 당했다, 건물이 이렇게 파괴됐다, 사람이 이렇게 많이 죽었다는 것을 한눈에 알 수 있습니다.

그러나 봉쇄라는 것은 구조적 폭력입니다. 사실 전쟁에서 벌어지는 직접적인 폭력만큼이나 치명적인 폭력이지만 폭격 같은 직접적인 폭력과 달리 그것에 의해 직접 사람이 죽는 것은 아닙니다. 그래서 그 폭력성을 단순하게 알 수 없는 거죠. 사람이나 물자의 출입구역, 반입과 반출이 현저하게 제한되고, 경제 기반이 파괴되고, 실업이나 빈곤, 영양실조가 일어납니다. … 그 하나하나가 분명 힘든 일이기는 하지만 그것이 인간을, 이러한 분리 장벽을 넘어선 공격으로까지 몰고 가는 폭력이라고는 좀체 생각하기 힘듭니다.

직접적으로 사람이 죽는 것은 아니라고 말씀드렸지만 가자지구에서 나와 서안지구나 이집트 등의 병원에 가서 적절한 치료를 받는다면 오래 살 수 있는 사람들이 이스라엘이 출역을 인정하지 않아 갇혀 있다가 출역 허가가 나기를 고대하며 병원에서 죽어 가고 있습니다. 사망 원인은 심장병이나 암 등 질병에 의한 것일 수도 있지만, 실상은 봉쇄로 인해 살해된 것입니다. 그러니까 봉쇄로 사람이 죽지 않은 것은 아닙니다.

가자지구의 기간산업은 어업이라고 했습니다.
가지지구 앞바다의 영해에서 천연가스전도 발견되고 있습니다. 오슬로 협정에서 인정된 가자지구의 영해는 20해리인데, 이스라엘은 그 천연가스전을 자기 것으로 만들기 위해 6해리쯤 되는 지점에 이스라엘 순찰선을 돌게 해 조업하는 어부들에게 총격을 가하거나, 발가벗겨 바다에 던지거나, 그들의 생계수단인 보트를 몰수하거나, 이스라엘 교도소로 연행하기도 합니다. 그래서 어부들은 앞바다로 고기잡이를 나갈 수 없고, 근해에서 작은 물고기까지 다 잡아들이는 상황이라 근해에도 물고기가 없게 되었습니다. 그래서 가자지구의 어부 대부분이 실직 상태입니다. 바다가 있는데도 물고기를 잡을 수 없고 먹을 수도 없는 상황입니다.

가자지구의 농산물도, 아까 말씀드렸듯이 아무리 열심히 생산해도 가자지구 밖으로는 출하할 수가 없습니다.

전면 봉쇄된 가자지구는 "세계에서 가장 큰 야외 감옥"이라고 불립니다. 전면 봉쇄라는 것은 단순히 물건이 들어오지 않아 물건이 부족하다거나 하는 그런 차원의 이야기가 아닙니다. 요컨대 점령자들이 자기들 입맛에 맞게 모든 것을 자신들 마음대로 결정한다는 것입니다.

230만 명이 점령자들에게 복종하지 않으면 안 되는, 그런 상황에 태어날 때부터 줄곧 놓여 있습니다. 지금 이 강연장에는 대학생 여러분들이 많이 와 계시는데, 가자지구의 또래 젊은이들은 태어나면서부터 지금까지 계속 가자지구에 갇혀 있습니다. 그런 상황을 세계에서 지난 16년 동안 못본 채 내버려두고 있는 것입니다. 이 세계 최대의 야외 감옥에서, 팔레스타인 사람들이 '생지옥'이라 불리는 상황 속에서 고통받고 있는데도, 세계는 아파하지도 않고 가려워하지도 않습니다. 계속 방치하고 있을 뿐입니다. 뭔가 무시무시한 공격이 일어났을 때만 화제가 되고, 전쟁이 멈추면 이제 잊어버립니다. 반복입니다. 그래서 이스라엘이 끔찍한 전쟁범죄를 자행해도 문제 삼지 않습니다.

2008~2009년에 일어난 가자지구에 대한 이스라엘의 첫 번째 공격 후, 유엔은 조사단을 파견했고 남아프리카공화국의 리처드 골드스톤이라는 유대계 변호사가 대표가 되어 매우 공정한 조사를 했습니다. 이때의 조사 결과는 "양측 모두 전쟁범죄를 저지른 것이 인정되지만, 이스라엘이 압도적으로 더 많이 저질렀다"는 것이었습니다.

그 전쟁범죄는 어떻게 심판받았을까요? 전혀 심판받지 않았어요. 그 후의 공격에 이르러서는 조사조차 이루어지지 않았습니다. 가자지구의 팔레스타인 사람들은 계속 이런 상황에 놓여 있습니다. 생살여탈의 권리를 점령자가 쥐고 있고, 몇 년 간격으로 대규모 공격이 있고, 이번 공격에서 살아남아도 다음 공격에서는 죽을지도 모릅니다. 무엇을 위해 살아가고 있는 것일까요?

가자지구에서 일어나는 일

하수처리시설이 가동되지 않아 230만 인구의 생활하수가, 화장실 배수구에서 나오는 하수까지도 하나부터 열까지 정화되지 않은 채 매일매일 대량으로 지중해로 흘러들어 바다를 오염시키고 있습니다. 계곡 유역의 지하수도 오염되어 있습니다.

그 결과, 가자지구의 수돗물은 현재 97퍼센트가 음용에 부적합합니다. 극소수의 경제적 여유가 있는 사람들은 정수용 필터나 생수를 살 수 있지만 그렇지 못하는 사람들, 압도적인 대다수 사람들이 몸에 나쁘다는 것을 알면서도, 물을 마시지 않으면 죽기 때문에 오염된 물을 마실 수밖에 없습니다. 살기 위한 물이 가자지구 사람들의 생명을 안쪽에서부터 갉아먹습니다. 그리고 지금은 그 수돗물조차 없는 상황입니다. 모두가 오염된 우물물을 마시고 있습니다.

하지만 그건 어제오늘의 일이 아닙니다. 지금까지 줄곧, 가자지구는 그런 상황이었어요. 가자지구 사람들에게 질병이 굉장히 많은 까닭은 이 오염된 물을 식수로 사용하기 때문이라고 합니다(오염된 물로 얼굴과 몸을 씻기 때문에 피부병과 눈병이 많다는 보고도 있습니다).

게다가 경제 기반이 파괴되어 가자지구의 실업률은 46퍼센트, 세계 최고입니다. 젊은이들은 거의 실업 상태입니다. 가자지구 가구의 60퍼센트가 만족스러운 식사를 섭취하지 못하고 있고, 영유아의 과반수가 영양실조에 시달리고 있습니다. 엄마 배 속에 있을 때부터 엄마 자신이 충분한 영양을 섭취하지 못했기 때문에 태어날 때부터 영양실조 상태입니다.

먹을 것도 없습니다. 주민의 80퍼센트가 유엔을 비롯한 국제기구의 인도적 원조에 의존하고 있지만, 양질의 단백질로 칼로리를 충당할 수 없기 때문에 배급되는 값싼 밀가루와 기름, 설탕을 대량으로 섭취해서 어떻게든 생명 유지를 위한 칼로리를 충당하고 있습니다.

이런 식생활이 계속되면 어떻게 될까요? 당뇨병, 생활습관병이 됩니다. 그래서 지금 당뇨가 가자지구의 풍토병이 되고 있습니다.

전기도 없습니다. 제가 2014년에 가자지구에 갔을 때는 하루 중 8시간에서 16시간이 정전이었어요. 앞서 사진(54쪽)을 보신 것처럼 가자지구의 거리는 일본의 도시와 비슷한 근대적 도시입니다. 고층 빌딩도 있습니다. 그런 곳에 전기가 없는, 하루 몇 시간밖에 전기가 공급되지 않는 상황을

가자지구의 홍수

2013년 12월, 가자지구 북부에서 일어난 홍수 사진: 로이터/아프로

상상해 보세요. 생활이 불가능하죠.

근대 의료는 전기에 의존하고 있습니다. 인큐베이터나 수술도 그렇습니다. 인공 투석은 필요한 시간의 절반밖에 할 수 없습니다. 단기적으로는 그럭저럭 버티고 있지만 장기적으로 보면 분명히 수명이 단축되고 있습니다.

지중해식 기후이기 때문에 겨울에는 비가 내립니다. 조금이라도 많은 비가 내리면, 봉쇄 때문에 연료가 없고 배수 펌프가 가동되지 않기 때문에 가자지구의 저지대 지역에는 홍수가 납니다. 홍수는 가자지구에서 매년 겨울마다 반복되고 있습니다. 'gaza flood'로 이미지를 검색해 보세요. 바로 이번 겨울 사진이 나올 것입니다.

살아 있는 죽음

수많은 실업자가 도시에 넘쳐나고 있습니다. 마약 중독도 엄청나게 확대되고 있습니다. 이 사진은 트라마돌이라는 진통제에 각성 효과가 있다는 것이 알려지면서 중독이 급증하고 있어서 "마약에 손대지 마라, 트라마돌에 손대지 마라"라고 경고하는 계몽 포스터입니다.

레바논 베이루트 아메리칸대학의 사리 하나피라는 팔레스타인 난민 2세 사회학자는 팔레스타인의 상황을 스페이시오사이드Spaciocide(공간 목 졸라 죽이기)라고 명명합니다. 스페이스(공간)+사이드(죽이다)로 '공간을 죽인다'라는 뜻입니다. 공간이란 인간이 인간답게 사는 것을

"마약에 손대지 마라" 계몽 포스터

가능케 하는 그런 삶의 조건이라는 것에 대한 은유입니다.

전쟁처럼 직접적으로 사람을 죽이는 것은 아니더라도 인간답게 살 수 있는 조건을 모조리 짓밟아 버림으로써 그들이 그곳에서 인간답게 사는 것을 불가능하게 만들어 버리는 것입니다.

2014년 51일간의 전쟁 때 하마스는 무조건적인 정전안을 거부했습니다. 봉쇄 해제를 조건으로 하지 않는 정전은 받아들일 수 없다고 말하면서요. 그에 대해 일본이나 국제사회의 보도는 하마스를 비난했습니다. "모처럼 이스라엘이 정전을 제안했는데, 하마스가 자신들의 조건을 고집하며 그것을 걷어차는 바람에 공습이 계속되고 가자지구의 팔레스타인인들이 죽임을 당하고 있다"라고 말입니다. 가자지구의 팔레스타인 사람들을 죽이고 있는 것은 이스라엘인데도 말이죠.

일주일 후 가자지구의 시민사회 대표들이 전 세계를 향해 영어로 "봉쇄 해제 없는 정전은 필요 없다"라는 제목의 메시지를 발표했습니다. 그러면서 "봉쇄 해제 없는 정전을 수용하라는 것은 이 공격이 시작되기 전의 상태, 즉 7년간 계속된 봉쇄 상태로 그냥 돌아가라는 것이고, 이는 우리에게 살아 있으면서 죽으라는 것이나 마찬가지"라고 호소했습니다.

전면 봉쇄하에서 사는 것은 인간에게 "살아 있는 죽음living death"이라는 말입니다.

첫 번째 공격(2008~2009년) 후, 가자지구의 정치 경제 연구의 세계적인 최고 권위자 사라 로이는 "세계는 60년에 걸쳐 난민을 다시 난민으로 돌려보내는 데 성공했다"라고 말했습니다. 사라 씨는 유대계 미국인으로, 부모님은 모두 제2차 세계대전의 홀로코스트 생환자입니다.

"60년에 걸쳐 난민을 다시 난민으로 돌려보내는 데 성공했다"라는 말은 무슨 뜻일까요?

첫 공격으로부터 60년 전인 1948년, 나크바로 인해 75만 명 이상의 팔레스타인 사람들이 난민이 되어 유엔이 제공하는 난민촌에서 생활할 수밖에 없었습니다. 그들은 어떻게 되었을까요? 20년이 지나도 국제사회는 아무것도 해 주지 않았고, 조국 해방을 위해서는 스스로 총을 들고 싸울 수밖에 없다며, 해방운동이 속속 생겨났습니다. 당시 1960년대 후반부터 1970년대 초에 걸쳐 팔레스타인 게릴라에 의한 납치가 빈발했습니다. 이것은 너희들의 문제다, 세계가 정치적 해결을 해야 할 문제다, [이렇게 주장하면서] 세계 시민들 목에 총을 겨누고서야 마침내 세계가 문제 해결을 위해 움직이기 시작했습니다.

1974년 유엔에 불려 갔을 때, 아라파트 의장은 유명한 연설을 합니다. "오늘 저는 올리브 가지를 들고 왔습니다. 제발 내 손에서 이 올리브가 떨어지지 않게 해 주십시오."

올리브는 평화의 상징입니다. 대화를 통해 문제를 평화적으로 해결하기 위해 자신은 유엔에 왔지만, 우리에게 다시 총을 들게 할지 여부는 당신들에게 달려 있다는 것입니다.

1987년 제1차 인티파다 때도 20년 동안 점령 상태에 놓여 있던 사람들이 아이들까지도 손에 돌을 쥐고 이스라엘군에 맞서 싸웠습니다. 팔레스타인 사람들은 총을 들고 혹은 돌을 들고, 자신의 운명을 스스로 투쟁하여 개척하는 역사의 주체, 정치의 주체로서 떨쳐 일어났습니다.

그러나 가자지구는 봉쇄되어 "세계 최대의 야외 감옥"이 되었고, 심지어 그 국토 전체가 무차별 폭격으로 파괴되었으며, 가자지구의 팔레스타인 사람들은 또다시 배급이 없으면 살아갈 수 없는 난민 상태로 돌아갔습니다. 한때는 자신들의 운명을 자신들 손으로 개척해 나가는 그런 정치적 주체가 되었음에도 불구하고, 점령과 봉쇄가 계속됨으로써 가자지구의 팔레스타인 사람들은 다시 국제사회의 인도적 지원이 없으면 오늘을 연명할 수도 없는 그런 존재가 되어 버렸습니다.

바다의 오염이 이스라엘에까지 영향을 미치기 시작했고 작년(2022년)쯤부터 전기가 어느 정도 공급되고 하수처리 시설도 일부 가동되어, 그전까지는 전면 수영 금지였던 것이 작년쯤부터 일부 해변에서 수영을 할 수 있게 되었지만, 대체로 해변은 여전히 수영을 하면 감염병에 걸려 사망할 위험이 있을 정도로까지 오염되어 있습니다. 하지만 전기도 들어오지 않기 때문에, 여름에는 에어컨도 선풍기도 사용할 수 없습니다. 그러니까 몸에 안 좋은 걸 알면서도 바다로 갈 수밖에 없어요.

현재 가자지구에 대해 보도할 때 '인도적 위기'라는 말이 자주 사용됩니다. 하지만 가자지구의 인도적 위기란 이스라엘이 팔레스타인 사람들의 정치적 주체성을 말살하고 조국 해방이라든가 독립 국가라든가 난민의 고향 귀환이라는 정치적 목소리를 높이지 못하게 하려고 의도적이고 인위적으로 창출한 것입니다.

인도적 위기는 있습니다. 하지만 그것이 가자지구, 그리고 팔레스타인 문제의 전부는 아니에요. 팔레스타인 문제는 정치적 해결을 요구하는 정치적 문제입니다. 그런데도 거대한 인도적 위기가 끊임없이 창출됨으로써 인도적 문제로 둔갑하고 있는 것입니다.

귀환의 대행진

나크바로부터 70년째인 2018년 3월 말부터 1년 반 이상에 걸쳐 가자지구에서 '**귀환의 대행진**'이라는 대규모 시위가 계속적으로 벌어졌습니다. 하마스뿐만 아니라 여러 단체가 대동단결하여 주민들에게 참여를 호소했습니다.

이 행진에서 그들이 호소한 것은 세 가지입니다. 자신들의 민족적 권리인 **귀환 실현**과 국제법 위반인 가자지구 **봉쇄 해제**, 그리고 같은 해 5월로 예정된 트럼프 대통령이 결정한 미국 대사관의 예루살렘 이전에 대한 반대입니다. 이러한 것들을 평화적인 행진을 통해 요구한 것입니다.

젊은이들 중에는 타이어를 태우거나 경계 울타리 너머의 이스라엘 병사들을 향해 돌을 던지는 이들도 있었지만, 기본적으로는 비폭력 시위를 벌였습니다. 그러나 이 평화적 시위에 이스라엘군은 최루탄과 실탄으로 응했습니다.

'귀환의 대행진'이 시작된 3월 30일부터 미국 대사관이 예루살렘으로 이전한 5월 14일까지 백 명 이상의 참가자가 살해되었습니다. 그러나 그 사실은 일본 언론에서는 전혀 보도되지 않았습니다. 5월 14, 15일에만 백 명 이상이 죽었는데, 일본에서는 그때 "미국 대사관의 예루살렘 이전에 항

귀환의 대행진

2018년 3월 시작된 귀환의 대행진에서 부상당한 팔레스타인 여성을 옮기는 모습
사진: 로이터/아프로

의해 가자지구에서 대규모 시위가 벌어져 백 명 이상이 죽었습니다"라는 정도만 보도되었습니다.

이 시위가 어떤 맥락에서 벌어지고 있는지, 70년 전부터 국제사회가 인정하고 있는 팔레스타인 사람들의 당연한 권리인 귀환 실현과 국제법 위반인 봉쇄 해제를 평화적인 시위로 세계에 호소하고 있는 것에 대해서는 보도도 언급도 전혀 없었고, 단순히 미국 대사관 이전에 반대하여 가자지구에서 항의 시위가 있었다는 것만 보도되었습니다.

이러한 공격 시 이스라엘군은 젊은이들의 다리를 적극적으로 겨냥합니다. 버터플라이 불릿butterfly bullet이라고 해서, 탄착된 충격으로 총알 끝이 날개처럼 벌어져 주변 혈관이나 신경을 갈기갈기 찢어 버리는 총알입니다. 일반 총알이라면 관통하거나 적출하면 문제가 없을 수도 있지만 버터플라이 불릿을 맞으면 다리를 절단할 수밖에 없습니다. 마취 같은 건 없습니다. 2014년 가자지구에 들어가서 이번에 공습을 받은 앗-쉬파 병원을 방문했을 때, 안내해 준 의사가 캐비닛을 열고 안을 보여주었습니다. "아무것도 없을 거예요"라면서요. 병원에도 마취제가 없어서 의사는 부상자 가족에게 "약국에 가서 마취제를 사 오세요"라고 말합니다. 하지만 당연히 그런 걸 살 돈은 없어요. 그래서 마취 없이 다리를 절단합니다. 야전병원이나 마찬가지입니다. 이스라엘군은 팔레스타인 젊은이들의 다리를 적극적으로 겨냥해 그들을 장애인으로 만드는 전략을 취하고 있습니다.

가자지구에서 증가하는 자살

2014년 공격 후부터 가자지구에서는 특히 젊은이들 사이에서 자살이 급증하고 있습니다. 급증이라고 해도 일본에서 일어나는 자살과 비교하면 숫자로는 많지가 않은데, 원래 이슬람은 자살을 종교적으로 최대 금기로 삼고 있습니다.

이슬람에서는 자신을 죽이는 것을 타인을 죽이는 것과 같은 정도로 죄악시하고 있습니다. 그래서 가족 중에 자살한 사람이 있으면 범죄자 가족처럼 여겨집니다. 그런 이슬람 사회인 가자지구에서 자살이 증가하고 있습니다. 정확한 수는 알 수 없지만, 2020년에는 처음 7개월 동안 30건의 자살과 600건의 자살 미수가 있었습니다. 5년 만에 3배로 늘어난 수치입니다.

이스라엘과의 경계인 완충지대(출입금지구역)는 발을 들여놓으면 이스라엘 군인들에게 저격당합니다. 그 완충지대로 돌진해서 스스로 저격당해 죽는 사람들이 있습니다. 적에게 달려가다 총에 맞아 죽었다면, 그것은 민족해방 전투에서 죽은 것이기 때문에 자살이 아니라고 합니다.

많은 것은 추락사입니다. 발을 헛디뎌서 죽었기 때문에 자살인지 아닌지 알 수 없습니다. 가족들이 외부에 알려지는 것을 꺼려서 자살을 공개하지 않는 경우도 있습니다. 게다가, 그중에서도 걸어다니다가 휘발유를 뒤집어쓰고 불을 붙여 분신자살하는 사람도 있습니다.

이는 2011년 일련의 아랍 혁명, 이른바 '아랍의 봄'의 발단이 된 사건들을 연상케 합니다. 그 전년인 2010년 12월, 튀니지의 지방 도시에서 무함마드 부아지지라는 가난한 청년이 사회의 불의에 항의하며 분신자살을 했는데, 이것이 결과적으로 사반세기 가까이 지속된 벤 알리 대통령의 독재에 종지부를 찍었고 이집트에서는 무바라크 대통령을 퇴진시키며 시민 혁명을 성취시켰습니다. 분신자살은 부아지지 청년과 마찬가지로 쌓이고 쌓인 불의에 대한 온몸과 온 영혼을 실은 항의이고, 더욱이 자신의 죽음을 스펙터클화함으로써 이렇게 죽는다면 세계가 지금의 가자지구가 어떤 상황에 처해 있는지 돌아보게 되지 않을까, 하는 것이라서, 이것은 영혼의 외침이나 다름없습니다.

스스로 목숨을 끊는 것은 젊은이만이 아닙니다. 아이들의 배를 채워 주지 못하고 가장으로서 책무를 다하지 못하는 고통으로 남성들이 목숨을 끊거나 이런 세상에서 아기를 낳고 싶지 않다는, 태어나자마자 다음 공격으로 죽임을 당할지도 모른다는 생각에 배 속에 아기를 가진 여성이 자살하는 경우도 있었습니다. 지금, 가자지구의 젊은이가 지닌 선택지는 자살 혹은 마약으로 도망치거나 아니면 어떻게든 가자지구를 탈출해 유럽으로 건너가는 것입니다(하지만 대부분 강제 추방당합니다). 이런 상황에 처해 있습니다.

이스라엘은 가자지구를 완전 봉쇄하고 사람들을 이런 상황에 놓아두면 팔레스타인 사람들이 반격하지 않을 것이라고 생각했습니다. 하지만 그렇지 않았습니다. 우리는 아직도 자신들의 정당한 권리, 고향 귀환의 권리, 민족적인 권리, 점령으로부터 해방되어 팔레스타인에서 살 권리를 절대 포기하지 않는다. 이를 보여주기 위해 가자지구의 팔레스타인 전사들은 죽을 것을 알면서도 편도 티켓으로 이스라엘로 분리 장벽을 넘어갔습니다.

이스라엘은 하마스의 '살인 지시서'가 팔레스타인 전투원의 시신에서 발견되었다고 발표했습니다. 일본 언론도 그것을 그대로 보도했습니다. 하지만 여성을 강간하거나 아기를 태워 죽이거나 민간인을 참살하는 등의 짓을 하면 자신들의 정당한 싸움을 지지해야 할 국제사회까지 당연히 적으로 돌리게 됩니다. 그래서 저는 이스라엘 정부가 발표한 것과 같은 하마스의 민간인 살해 지시서가 있을 것이라고는 생각하지 않습니다. 야외 음악 축제나 키부츠에서 민간인이 사망한 것은 사실이고, 작전상 민간인을 인질로 잡은 것을 하마스는 인정하고 있습니다. 그 일의 옳고 그름은 따져야 합니다. 그러나 이성적으로 생각하면 민간인을 적극적으로

학살하는 것은 하마스를 비롯해 이 군사작전에 참여한 다른 해방 조직에게도 그리고 팔레스타인 해방운동 자체에도 아무런 이득이 되지 않습니다. "이놈들은 피에 굶주린 짐승들이야", "인간의 합리적인 논리로 행동하는 놈들이 아니야"와 같은, 사람을 사람으로 여기지 않는 차별적인 인종주의의 관점에 서지 않는 한, 그들이 그런 짓을 했다고 생각하기는 어렵습니다.

'국제법을 적용해 주기만 하면 된다'

가자지구 팔레스타인 인권센터의 대표로 라지 수라니라는 변호사가 있습니다. 제2의 노벨 평화상이라 불리는 바른 삶 상Right Livelihood Award을 수상한 분입니다. 이분이 2014년 51일간의 전쟁 후, 10월에 일본에 와서 교토대학에서 강연을 했습니다. 그때 그가 강조한 것은 "어쨌든 팔레스타인에 국제법을 적용해 달라, 그것으로 충분하다"라는 것입니다.

그는 올해 10월 17일, 미국 언론인 에이미 굿맨이 진행하는 독립 미디어 텔레비전 프로그램 《데모크라시 나우!Democracy Now!》에 음성으로 출연했을 때, "착한 희생자Good Victim"가 될 생각이 없다, 자신은 가자시를 떠날 생각이 없다고 단언했습니다.*

착한 희생자란 어떤 의미일까요?

이번에 이스라엘이 가자지구 북부 주민들에게 "남쪽으로 피난하라"라고 경고한 것에 대해서 하마스가 떠나지 말라, 대피하지 말라고 말한 것이 마치 하마스의 비인도성의 증거인 것처럼 일본 언론은 보도하고 있지만, 도망친 사람들도 이스라엘이 제시한 피난 경로의 도중에 공격을 받고 있습니다. 게다가 피난처인 중부와 남부도 지금 무차별 폭격을 당하고 있습니다. 가자지구에 있는 한, 어디를 가든 죽임을 당할 거예요. 이스라엘이 인도적 견지에서 북부 주민들에게 피난을 종용하고 있는 것이 아니라는 것을 금방 알 수 있습니다. 그것은 네타냐후 총리가 스스로 공언하고 있는 것처럼 제2의 나크바를 하기 위해서입니다. 75년 전과 마찬가지로 주민들을 팔레스타인에서 추방하고 인종청소를 하기 위해서입니다. 팔레스타인 사람이 없는 팔레스타인을 만들기 위해서입니다. 그 와중에 라지 수라니 씨는 자신은 북부에 있는 가자시에 머물 것이라고 말했습니다. 팔레

---

* https://www.democracynow.org/2023/10/17/raji_sourani_gaza [검색일 2024년 8월 14일]

스타인 사람들은 75년 전에 도망쳤기 때문에 난민이 되었고 조국을 빼앗겼습니다. 그 경험이 있기 때문에 두 번 다시는 순순히 인종청소의 희생자가 될 생각이 없다고 말하는 것입니다. 지금 이러한 폭격 속에서도 이스라엘이 점령한 고향 마을이나 마을로 돌아가는 것이 아닌 한, 가자지구를 결코 떠날 생각이 없다고 단언하는 사람들도 있습니다. 팔레스타인 사람들의 이런 목소리는 전혀 보도되지 않습니다.

사실 좀 더 많이 이야기하고 싶은 것이 있지만, 최소한 다음과 같은 것들에 대해서 이야기하고 싶습니다.

- **팔레스타인 사람들은 왜 난민이 되었는가**
- **이스라엘 건국이란 어떤 것이었는가**
- **가자지구의 사람들에게, 특히 이들이 처한 16년 이상의 봉쇄라는 것은 어떤 폭력인가**

이것들을 파악한다면, 하마스가 주도한 가자지구 전투원들에 의한 이번 장벽을 넘어가 전개된 기습 공격이—거기에 국제법상의 전쟁범죄가 있었다는 것을 부정하는 것은 아니지만—이스라엘이 선전하고 있는 것처럼 피에 굶주린 테러리스트가 저지른 민간인을 노린 잔인한 살육이 아니라, 좀 더 다른 모습으로 보일 것이라고 생각합니다.

이스라엘은 이를 알리고 싶어 하지 않습니다. 그래서 철저하게 은폐합니다. 그리고, 그 은폐 보도에 일본의 언론도 편승해서 75년 전부터 서서히 이어져 온 '점진적 집단학살'(일란 파페)의 총결산 같은 일이 지금, 일어나고 있다는 것입니다. 이 점을 꼭 이해해 주시길 바랍니다.

마지막으로 다음 말을 소개해드릴게요. 만수르 알할라즈 Mansur Al-Hallaj라는 중세 이슬람 신비주의 사상가의 말입니다.

지옥이란 사람들이 고통받는 곳을 가리키는 게 아니다.
사람들이 고통스러워하는 것을 아무도 보려 하지 않는 곳을 말한다.

요르단강 서안지구 출신 여성의 연설

 오늘 일본에 거주하는 팔레스타인 분들 두 분이 와 주셨기 때문에, 이분들의 이야기를 들어 보도록 하겠습니다.
 먼저 말씀하실 분은 팔레스타인 요르단강 서안지구 출신입니다.

 여러분 안녕하세요.
 오늘 함께해 주셔서 정말 감사합니다.
 팔레스타인에 대한 점령, 인종청소, 억압이 75년째 계속되고 있는데도 슬프게도 아직도 세계 앞에 서서 우리가 희생자이며 테러리스트가 아니라는 것을, 다른 나라를 침략하고 있는 것이 아니라는 것을, 우리는 결코 세계를 위협하는 존재가 아니라는 것을, 우리는 희생자라는 것을 증명해야 한다는 데 가슴이 미어지는 것 같습니다.
 이런 의심의 여지가 없는 사실이 전 세계 수백만, 수십억 사람들에게 아직 인식되지 않고 있습니다.
 그래서 오카 마리 선생님이 그것을 소개하고 전 세계에 진실을 전하려고 해 주시는 것에 감사드립니다.
 우리 팔레스타인 사람들은 매일 휴대전화로 동영상을 스크롤 하여 자기 나라에서 동포들이 대량 학살당하는 것을 보고, 이에 대해 세계가 침묵을 이어 가고 있는 것에, 인생에서 가장 슬픈 나날을 보내고 있습니다.

이스라엘이 지금 하고 있는 짓은 제게 전혀 놀랍지 않습니다. 저는 팔레스타인에서 태어났고 인티파다도 경험했어요. 요르단강 서안지구 출신입니다. 예루살렘이지만 지금은 예루살렘에 갈 권리를 빼앗기고 있습니다.

10년 전 일본에 오기 전에는 요르단강 서안지구에 살았습니다. 태어날 때부터 계속 군사 점령하에 살아왔습니다. 매일 대학에 가는 길이나 할아버지 댁에 가는 길에 군인들에게 이렇게 당했어요(총구를 겨누는 포즈). 이것이 군사 점령하에서 산다는 것입니다.

검문소를 통과해야 하기 때문에 차로 20분이면 갈 수 있는 대학까지 두 시간이나 걸리는 길을 다니며 매일매일 인간성을 박탈당했고, 어렸을 때는 얼굴에 총을 들이대며 "이름이 뭐야? 여기 왜 왔어?"라는 질문을 받았습니다. 단지 제가 팔레스타인에서 태어났고 제 가족이 팔레스타인 사람이기 때문이라는, 단지 그 이유 하나만으로요. 어렸을 때부터 계속 그랬어요. 그럼에도 불구하고, 다시 한번 반복하지만, 우리가 피해자임을 아직도 증명할 필요가 있다는 것 자체가 끔찍한 일입니다. 이것은 하마스에 대한 전쟁이 아니라는 메시지를, 저는 몇 번이고 몇 번이고 강조하고 싶습니다.

요르단강 서안지구에는 하마스가 없습니다. 그러나 어제 하룻밤 사이에 서안지구의 제가 살던 도시에서 팔레스타인 사람이 13명이나 살해당했습니다. 그들은 무기 같은 것은 가지고 있지 않았습니다. 단지 자유를 추구하는, 즉 가장 기본적이고 근원적인 인권을 위해 투쟁하고 있는 팔레스타인 사람들이었습니다. 그런 13명이 살해당한 것입니다.

우리는 점령과 인종청소의 한가운데에 살고 있습니다. 예루살렘에서, 헤브론에서, 서안지구 남부에서, 국제법을 위반한 정착촌이 해를 거듭할수록 계속 확대되고 있습니다.

하마스가 없어도, 우리는 이러한 현실 속에 사는 것입니다. 오카 선생님이 보여주신 것처럼, 2018년 가자지구에서는 '귀환의 대행진'이라고 불리는 비폭력, 정말로 100퍼센트 평화적인 비무장 항의 시위가 일어났습니다. 가자지구 사람들의 70퍼센트는 난민이며, 그들은 유엔이 인정하고 있는 귀환의 권리를 평화적으로 실현할 것을 요구했습니다. 하지만 그 항의 시위 중에 팔레스타인 사람 300명이 총격을 당했습니다.

즉, 이것은 하마스의 문제가 아니라는 것입니다. 자유를 원하는 모든 팔레스타인 사람들이 이스라엘의 표적인 것입니다.

특히 지금은 그 어느 때보다 팔레스타인 사람뿐만 아니라 모든 사람이 가자지구에서 벌어지고 있는 이 대량 학살에 반대하고 팔레스타인 사람들의 자유를 위해 떨쳐 일어나 이스라엘의 책임을 물어 줄 것을 촉구합니다.

이스라엘은 법 위에 있는 것이 아닙니다. 그런 일은 있어서는 안 됩니다. 이스라엘은 75년 동안 끊임없이 전쟁범죄를 계속 저지르며 모든 인권을 침해해 왔습니다. 이스라엘을 법 위에 서게 해서는 안 됩니다. 불행히도 이스라엘 정부는 파시스트이고 극우이며, 거의 모든 나라의 정부가 이스라엘을 지지하고 있습니다. 안타깝게도 일본 정부도 마찬가지입니다.

그러나 우리 인민은 정부보다 강할 것입니다. 우리는 일어나서 목소리를 내고, 지금 뉴스에 넘쳐나는 거짓말과 잘못된 정보를 바로잡고 바꿀 수 있는 힘을 가지고 있습니다.

우리에게는 팔레스타인에서 벌어지는 식민주의와 아파르트헤이트를 지원하는 모든 기업을 보이콧할 수 있는 힘이 있습니다.

우리는 뭔가를 할 수 있을 겁니다. 넬슨 만델라는 "팔레스타인인의 자유 없이 우리의 자유는 불완전하다"라고 말했습니다.

그리고 특히 지금, 그 어느 때보다, 우리는 그저 스마트폰을 스크롤 하여 대량 학살이 벌어지고 있는 것을 보고, 그냥 로그아웃 하고 침묵하는 것을 자신에게 허용해서는 안 됩니다.

그런 것을 허용하는 것은 휴머니티의 죽음입니다. 마음속의 휴머니티를 잃게 됩니다.

마틴 루터 킹 목사님도 이런 말씀을 하셨습니다. 제가 좋아하는 말 중 하나입니다.

"어떤 곳에 있든, 불의는 모든 곳에서 정의에 대한 위협이 된다."

즉, 가자지구의 집단학살이 이대로 계속되면 세계의 다른 지역에서도 집단학살이 일어나게 된다는 것입니다.

지금 무슨 일이 일어나고 있는지, 여러분이 이해하려고 노력하시는 것에 감사드립니다. 오늘 강의에서 가장 중요한 포인트 중 하나는 불행하게도 언론이 잘못된 정보로 가득 차 있다는 것입니다.

하마스가 이스라엘 아기 40명의 목을 베었다고 했지만, 이후 이스라엘 스스로 그 주장을 철회했습니다. 백악관도 철회했습니다. 하마스가 여성을 강간했다고도 보도했는데 "아, 그런 증거는 없다"라고 했어요.

이스라엘은 병원을 폭격하고 트위터로 그것을 인정했습니다. 이스라엘의 디지털 대변인 자신이 그것을 인정한 것입니다. 그런데도 그들은 그 트윗을 삭제하고, 하마스가 실수로 병원을 폭격했다고 말했습니다.

이렇게 많은 거짓말이 퍼져 나가는 것을 용납해서는 안 됩니다. 그래서 무슨 일이 일어나고 있는지를 이해하려고 최선을 다해 주시고 진실에 귀를 기울여 주셔서 정말 감사드립니다. 그리고 제발 진실을 여기에만 머물게 하지 말고 널리 퍼뜨려 주세요. 여러분, 언론에서 거짓말을 보면 그것을 바로잡아 주시기 바랍니다. 고맙습니다.

가자지구 중부 출신 안하르 씨의 연설

다음으로 안하르 씨, 가자지구 중부 출신입니다.

지금 생각을 정리해서 말하려고 하지만, 제 가슴속 슬픔과 불안을 나타내는 말을 찾을 수가 없어요. 말로 하고 싶어도 할 수 없을 것 같은 이 슬픔과 불안을 편지로 쓰고 있습니다.

팔레스타인 사람들은 오랜 세월 동안 이스라엘에 의한 집단학살, 강제 이주, 살육, 봉쇄, 투옥 같은 경험에 시달려 왔습니다. 하지만 지난 열흘 동안 우리가 겪은 고통(주: 이 연설은 2023년 10월 20일에 있었다)은 지난 오랜 세월의 고통에 비견할 만합니다. 이미 어린이 1500명을 포함해 4천 명 이상이 죽임을 당했고, 1만

6천 명에 달하는 부상자는 약도 없고 치료도 받을 수 없을 뿐만 아니라 잠잘 곳도 없습니다. 부상자 대부분은 어린이입니다. 아마 앞으로 사망자 수는 몇 배로 늘어날 것입니다.
지금의 참상에 대해 이야기해 볼까요?
이스라엘은 제가 졸업한 대학, 일찍이 태어나고 자라 오면서 걸었던 길을 파괴했습니다.
그들은 내 추억의 고향을, 집을, 시장을, 집들을, 길들을, 은행을, 빵집을, 시설과 타워를 파괴해 버렸습니다.

죽음에 대해 이야기할까요?
우리는 다음 순간에는 죽었을지도 모릅니다.
우리는 끊임없이 공포와 파괴와 참상 속에 놓여 있습니다.
죽음의 소리, 도움을 구하는 소리, 비명, 공포가 곳곳에 넘쳐납니다.
길거리마다 죽음과 폭발의 냄새로 가득 차 있습니다. 1분마다 수백 명의 목숨이 날아갑니다.
산산조각 난 아이들의 시신은 신원조차 특정할 수 없습니다.
한 살도 안 된 아기가 온 가족을 잃고 홀로 누구의 도움도 받지 못한 채, 음식도 모유도 없는 채로 남겨져 있습니다.
다친 아이들이 병원 앞 골목에 홀로 서 있습니다.

엄마 배 속에서 불에 타고, 죽임 당하고, 다친 태아도 있습니다.
도대체 이 무고한 사람들의 무엇이 잘못되었다는 것일까요?

의료 기구, 병상이 부족한 탓에 수술이나 응급 처치가 바닥에서, 게다가 마취 없이 이루어지고 있습니다.
이러한 살육, 파괴, 참상에도 불구하고 여전히 봉쇄가 가해지고 있습니다.
물도 없어요. 전기도 식량도 없습니다.
안전한 장소도 없고 통신수단도 없습니다.
우리는 세계에서 가장 인구가 과밀된 지역에서 거대한 감옥 안에 갇혀 있는 것입니다.

이스라엘 방위군은 병원을 폭격했습니다. 환자 수십 명과 민간인 수백 명이 있는 병원을 말입니다. 그들은 폭격을 피해 병원 안뜰에 피신해 있던 사람들이었습니다. 그들은 살해당했습니다.
정확한 수는 셀 수 없습니다. 왜냐하면 그들의 시신이 산산조각났기 때문입니다. 그곳에는 500명 넘는 사람이 있었습니다.

저 자신에 대해 말씀드릴까요?
저는 일본에서 아직 돌이 안 된 딸과 살고 있습니다.

저는 잘 수도, 먹을 수도, 아이를 달래 줄 수도 없습니다. 뉴스에서 눈을 떼지 못하고 언제 가족을 잃을지 모른다는 마음으로 살고 있습니다.

팔레스타인에 있는 제 가족이 지금 살아 있는지도 모릅니다.

어쩌면 제 동생이 부서진 우리 집에 깔려 숨을 헐떡이고 있을지도 모릅니다.

어쩌면 제 여동생이 부상을 입고 고통과 함께 도움을 호소하지만, 아무런 치료도 받지 못한 채 홀로 땅에 누워 있을지도 모릅니다.

어쩌면 부서진 우리 집 아래 누군가가 아직 숨을 쉬고 있을지도 모릅니다. 그들은 물과 식량을 찾을 수 있을까?

그들은 공포의 비명을 지르고 있을까?

울고 있을까?

이런 것만 온종일 생각하고 있으면, 제가 천천히 죽음에 가까워지고 있는 것 같은 감각에 빠집니다.

제가 친척에게서 받은 가족에 대한 마지막 소식은 "물도 먹을 것도 없고 아이들은 고열이 나는데 병원도 약도 없다"라는 것이었습니다.

처치가 필요한 부상자 수는 헤아릴 수 없을 정도로 많습니다.

가족들 수백 명이 파괴된 집에 깔려 있습니다.

손이나 팔을 잃은 아이들도 많이 있습니다.

그중 몇 명은 머지않아 치료와 병원의 부족, 그리고 병원의 정전으로 인해 사망할지도 모릅니다.

현실이 상상을 초월하고 이 비극의 크기를 나타낼 만한 말이 없습니다.

저는 부서지고 찢어지는 마음으로 인간에게 호소합니다. 당신의 마음속 양심에 이 살육과 유혈사태를 멈추고 가자지구에 물과 음식과 약을 들여보내는 것을 허락해 달라고.

우리 아이들은 바이든이 말한 것처럼 야생의 짐승이 아닙니다.

인간의 아이들입니다.

이 말이 무슨 뜻인지 알 수 있을까요?

이스라엘은 우리의 입을 막고 있습니다.

그들은 우리가 어디에 있든 우리를 포위하고 있습니다.

왜냐하면 그들 그 누구도 진실을 알길 원하지 않기 때문입니다.

자신들이 저지른 범죄의 추악함을 알고 있기 때문입니다.

우리가 페이스북에 그들의 죄를 폭로하는 게시물을 올리면 그들은 그 페이지와 게시물을 삭제해 버립니다.

그들은 가자지구에 외국 언론이 들어가는 것도 막고 있습니다.
그들은 우리가 세계에 발신하지 못하도록 인터넷을 차단합니다.
이제는 현지 언론조차도 사실을 전달하지 못합니다.
그들은 세상에 거짓말을 퍼뜨리고 아무런 증거도 없이 우리가 아이들을 죽이고 있다고 말합니다. 하지만 우리는 그들의 범죄를 보여주는 증거나 비디오, 라이브 영상을 셀 수 없을 정도로 가지고 있습니다….

그들이 만약 정직하고 옳다면 그런 짓을 하지 않을 겁니다.

안하르 알라이즈

제2부.

인간의 부끄러움, 가자

* 2023년 10월 23일 와세다대학 강연

우선 제일 먼저.

지난 10월 7일 이후가 아니고, 그리고 75년 전부터도 아니고요.

지금으로부터 80년 전 유럽의 반유대주의와 그 결과로 인한 홀로코스트에 희생된 사람들.

홀로코스트에서 살아남아 고향으로 돌아갔다가 그곳에서 학살당한 사람들. 혹은 더 이상 갈 곳이 없어 팔레스타인에 와서 유대인 국가 건설을 위한 싸움에 참여했지만 히브리어조차 할 줄 모른 채 그 싸움에서 죽어 간 사람들.

그리고 그 유대인 국가 건설에서 팔레스타인의 인종청소 과정에서 학살당한 사람들, 죽은 사람들.

난민이 된 후에도 반복되는 학살로, 그리고 다시 이스라엘이 되어 버린 팔레스타인에 머물다 그곳에서 관헌들에게 죽임을 당한 사람들….

그분들을 생각하며 묵념을 드리도록 하겠습니다. 지금 가자지구는 전기도 없고, 블랙아웃 상태입니다. 행사장도 어둡게 합시다. 그럼, 묵념.

대단히 감사합니다. 방금 주최 측을 대표해 나카지마 씨가 말씀하셨듯이, 이 세미나가 결정된 것은 지난 수요일이었습니다. 그로부터 불과 4일 만에 뜻있는 학생들이 준비해 주셨습니다. 그리고 대학의 울타리를 넘어 학생들과 교수들의 협력으로 오늘 개최하게 되었습니다. 먼저 협력해 주신 여러분과 주최 측인 "〈팔레스타인〉에 사는 사람들을 생각하는 뜻있는 청년 학생 모임" 여러분에게 진심으로 감사의 말씀을 드립니다.

지금 눈앞에서 일어나고 있다

아, 정말로 할 말이 없어요. 지난 금요일에 교토에서도 교토 시민 자원봉사자 분들이 긴급 학습회를 열어 주셨고 200명 이상이 참여해 주셨습니다(제1부). 온라인 중계로는 최대 천 명이 넘는 분들이 시청해 주셨다고 합니다.

그 학습회의 마지막에 교토에 거주하는 요르단강 서안지구 출신 팔레스타인 분들이 영어로 인사말을 했습니다. 거기서 한 분이 가장 먼저 말한 것이 "팔레스타인 사람들이 조국을 상실한 지 75년, 가자지구와 서안지구가 군사 점령된 지 50년, 그리고 그 가자지구가 완전히 봉쇄된 지 올해로 17년째에 접어든다. 그런데 아직도 팔레스타인 사람들이 희생자라는 것을 전 세계를 향해 설명해야 한다는 것에 가슴이 미어지는 것 같다"였습니다.

그런 그녀로부터 오늘, 도쿄로 향하는 신칸센 안에서 메일이 도착했습니다. 가자지구에 사는 그녀의 친구, 그 가족, 친척까지 60명이 죽었다고요.

정말 말이 안 나옵니다. 할 말이 없네요. 이번 토, 일요일 내내 오늘 강연 원고를 준비했지만, 이 자리에서 연사로 나서서 말해야 하는데, 생각을 하거나 글을 쓸 수 있는 그런 정신 상태가 아니었습니다.

지금 일어나고 있는 일, 그것을 우리는 모르지 않습니다. 홀로코스트 후에 독일인이 "자신들은 몰랐다"라고 말했던 것 같은—정말 몰랐는지 아닌지를 떠나—그런 변명은 성립할 수 없습니다. 나치에 의한 홀로코스트와 똑같은 일, 집단학살이 지금 정말로 벌어지고 있습니다. 우리 눈앞에서요. 우리는 그것을 텔레비전을 통해 보고 알고 있습니다. 세계가 주시하는 가운데 홀로코스트가 일어나고 있습니다. 이것에 대해서 도대체 어떤 말로 말해야 할지 정말 모르겠습니다. 변명 같지만 준비 시간도 없었고, 정말 말문이 막힌 상태에서 준비했기 때문에 오늘 이야기는 단편적이거나 파편적이고 체계적이지 않을 수도 있습니다. 또 2천 명이 넘는 분들이 신청하셨다고 하는데, 그 모든 분이 원하시는 이야기, 기대에 부응하는 이야기가 아닐 수도 있지만, 부디 들어 주시길 바랍니다.

몇 번이나 반복되어 왔다

지금 일어나고 있는 일은 집단학살 외에는 아무것도 아닙니다. 가자지구란 무엇일까요?

완전 봉쇄된 가자지구에 대한 이스라엘의 대규모 군사 공격은 이번이 처음이 아닙니다. 지금까지 몇 번이나 반복되어 왔습니다.

첫 번째 공격은 2008년 12월 말부터 다음 해인 2009년 1월까지 22일간이었습니다.

이 공격을 저는 처음에 '약 3주간'의 공격이라고 했습니다. 22일 동안이니까 약 3주라고 해도 틀린 말은 아닙니다. 근데 역시 이건 '22일 동안'이라고 해야겠구나, 하는 생각이 들었어요. 지금은 끝났으니까 22일 동안이라고 할 수 있지만, 공격이 계속되는 동안에는 도대체 언제까지 계속될지 모릅니다. 22일째 되는 날 돌아가신 분들도 있는 거죠. 21일째에 공격이 끝났으면 죽지 않았을 사람들입니다. 그러니까 대충 '대략 며칠'이라든가 '대략 몇 주'라고 하면 안 됩니다. '22일 동안'이라고 해야 한다는 겁니다.

이때 팔레스타인 측 사망자는 1400명 이상이었습니다. 가자지구에 대한 일제 공격이 시작되었다는 소식을 들었을 때는 믿을 수 없었습니다.

가자지구는 완전 봉쇄되어 있고, 주민들은 가자지구 밖으로 도망칠 수 없었습니다. 당시 인구는 150만 명이었는데요. 150만 명이 갇혀서 도망칠 곳이 없었습니다. 그런 가자지구에다가 매일 밤낮으로 하늘에서, 땅에서, 바다에서, 미사일과 포탄 심지어 백린탄까지 쐈습니다.

백린탄은 공기에 닿아 있는 한 불이 꺼지지 않습니다. 피부에 닿으면 뼈에 이를 때까지 살을 다 태워 버립니다. 한번 들이마시면 폐를 안쪽에서, 내장부터 태워 버립니다.

당시에는 아직 트위터도 인스타그램도 널리 퍼져 있지 않아서 가자지구의 알아즈하르대학에서 영문학을 가르치던 사이드 압둘와헤드 교수가 메일로 매일 몇 월 며칠 몇

시 몇 분에 가자지구의 어느 곳에서 지금 이런 일이 일어나고 있다, 어제는 이런 일이 일어났다는 것을 알려 주셨습니다. 그때 주고받은 메일은 《가자통신ガザ通信》(세이도샤, 2009)이라는 책으로 정리되어 있습니다.

그 첫 공격이 있고 열흘쯤 지났을 때 압델와헤드 교수가 사진 수십 장을 메일에 첨부해서 여러 번 나눠서 보내 주셨습니다. 그중에는 잔해 속에 여자아이의 목만 떨어져 있는 사진도 있었습니다. 나중에 '백린탄 가자'로 검색했더니 하반신이 떨어져 나가 백린탄으로 새까만 숯덩이가 된 아기의 사진도 있었습니다.

그야말로 인간성의 밑바닥이 드러난 것 같은 사건이었습니다. 인간이 이런 일을 할 수 있을까, 믿을 수 없다는 생각이 들었습니다.

공격이 멈춘 후 가자지구에 대해 말할 기회가 여러 번 있었는데, 그때마다 저는 한국의 문부식 씨의 《잃어버린 기억을 찾아서》(겐다이키카쿠시츠, 2005[삼인, 2002])라는, 1980년 광주 항쟁의 기억을 담은 책에서 인용되었던 구절, "망각이 다음 학살을 준비한다"를 여러 번 인용하며 말했습니다. 우리는 지금 '가자' 뒤에 있는 것이 아니다. 다음번 '가자' 앞에 있는 것이다. 이번에 가자지구에서 일어난 일을 잊어버린다면, 우리는 그 망각에 의해서 다음번 '가자'로의 길을 닦고 있는 것이라고요.

망각의 집적 끝에서

첫 번째 공격은 2009년 1월에 멈췄습니다. 그 후, 남아프리카공화국의 변호사 리처드 골드스톤을 대표로 하는 유엔 조사단이 가자지구에 들어가 이 전쟁에 대한 상세한 보고서를 정리 작성했습니다. 보고서는 가자지구 측과 이스라엘 측 모두에 전쟁범죄가 있었다면서도 이스라엘 측의 전쟁범죄가 압도적으로 많았다고 결론지었습니다. 이 보고서는 유엔 총회에서 찬성 다수로 가결되었지만, 미국과 이스라엘은 반대표를 던졌습니다. 그리고 일본은 기권했습니다.

이런 보고서가 나왔지만 이스라엘이 저지른 전쟁범죄에 관해 이스라엘에 책임을 묻거나 책임자를 처벌한다거나 그런 일은 없었습니다. 가자지구는 잊혀졌습니다. 완전 봉쇄가 아직도 계속되고 있는데도 말이죠.

4년 후인 2012년 11월에는 8일간의 공격이 있었습니다.

그러고선 또 멈췄죠. 세계는 또다시 가자지구를 잊어버립니다.

2014년 3월에, 저는 가자지구에 들어갈 수 있었습니다. 완전 봉쇄가 시작된 지 7년이 지난 때였습니다. 제가 방문한 가자지구의 앗-쉬파 병원에서는 안내해 주던 의사가 캐비닛을 열고 "보세요, 아무것도 없을 겁니다"라며 텅 빈 선반을 보여주었습니다. 의약품도, 마취제도, 의료 키트도 그 시점에 이미 바닥 나 있었습니다. 어쨌든 병원에는 전기가 필요하기 때문에 연료를 병원 발전기에 우선적으로 공급하기 위해 구급차 출동을 자제하고 있다고 의사는 말했습니다.

그로부터 4개월 후입니다. 2014년 7월, 가자지구는 51일간에 걸친 공격에 노출되었고 2200명 이상이 사망했습니다. 그중 500명이 어린이였습니다.

가자지구에는 젊은 인구가 굉장히 많습니다. 65퍼센트가 24세 이하이고, 평균연령은 18세입니다. 인구의 40퍼센트는 14세 이하 어린이들입니다. 그래서 무차별적인 공격이 발생하면, 희생자의 절반은 어린이입니다.

이 51일간의 전쟁에서는 180만 인구 중 50만 명 이상이 집에서 쫓겨났고, 사람들이 피난했던 유엔 학교도 표적이 되어 피난민과 유엔 직원도 희생되었습니다. 유엔 시설이 표적이 된 것은 이번이 처음이 아닙니다.

공격이 시작된 지 일주일 후, 이집트를 통해 무조건적인 정전이 제안되었습니다. 세계는 '봉쇄 해제'라는 조건을 고집하면서 무조건 정전을 걷어찬 하마스를 비난했습니다.

가자지구에서 매일 팔레스타인 사람들을 죽이고 있는 것은 이스라엘인데, 언론은 "어렵게 제안한 무조건적인 정전안을 하마스가 자신의 조건을 너무 고집해서 걷어차 버렸고, 그래서 공격이 계속되어 가자지구의 팔레스타인인들이 죽어 가고 있다"라는 식의 논조로 보도했습니다.

그러나 일주일 후, 가자지구의 시민사회 대표들이 영어로 메시지를 보냈습니다. "봉쇄 해제 없는 정전은 필요 없다"라는 제목으로 말이죠. 세계를 향한 메시지였습니다. "전쟁이 시작되기 전의 기정사실, 즉 7년간 계속된 봉쇄 상태로 단순히 돌아갈 뿐인 그런 정전은 필요 없다. 그것은 우리에게 살아 있으면서 죽으라고 하는 것과 같다"면서요. "그렇다면 차라리 우리는 지금 싸우다 죽는 쪽을 택하겠다"라고 외쳤습니다.

그러고선, 정전이 되죠. 가자지구 사람들이 "살아 있으면서 죽음"이라 부르는 봉쇄는 계속되었습니다.

불균형한 공격

2014년 10월, 51일간의 전쟁이 있고서 불과 두 달 후, 가자지구에 본부를 둔 팔레스타인 인권센터의 대표 라지 수라니 씨가 일본을 방문했습니다. 그는 교토에서 열린 강연회에서 "가자지구에 국제법을 적용해 달라는 겁니다. 그것으로 충분해요"라고 말했습니다. 그러나 51일간의 전쟁에서 이스라엘이 저지른 전쟁범죄는 단 한 번도 심판을 받지 않았습니다.

이스라엘은 이 전쟁에서 '다히야 독트린'이라 불리는 전술을 대규모로 전개했습니다. '다히야'는 아랍어로 '교외/외곽'이라는 뜻입니다. 이 전술은 2008년 첫 번째 공격에서도 사용되었는데, 2006년 이스라엘이 레바논을 침공했을 때, 베이루트 외곽을 상대로 공격했었기 때문에 다히야 독트린이라고 불리게 되었습니다.

이게 어떤 전술인가 하면, 공격하는 표적의 규모와 전혀 어울리지 않는 불균형적인 화력과 전력으로 상대를 공격하는 것입니다. 예를 들면, 포탄이 떨어지면 반경 50미터가 잔해가 되어 버리는, 게다가 착탄 오차가 50미터나 되는 포탄을 어떻게든 쏘아 대는 것입니다. 원래는 공격 대상에 어울리는 화력, 무력으로 공격해야 하는데 말이죠. 이러한 불균형한 공격은 완전히 국제법 위반입니다.

아직 공격이 계속되고 있을 때 드론으로 촬영된 영상이 팔레스타인 정보 사이트에 공개되었습니다. 처음 그 동영상을 보았을 때 저는 가장 먼저 동일본 대지진의 쓰나미로 인한 피해 지역을 떠올렸습니다. 그리고 다시 8월 6일, 원자폭탄이 투하된 직후의 히로시마를 생각했습니다.

51일간의 전쟁 때 가자지구에서 사망자가 2200명이 넘었다고 말씀드렸는데, 당시 가자지구 인구는 180만 명입니다. 이를 일본의 인구 비율로 환산하면 약 15만 명에 해당합니다. 히로시마의 원자폭탄 투하로 1945년 8월 6일부터 같은 해 12월까지 피폭으로 사망한 분이 약 15만 명입니다.

또 가자지구 경찰 폭탄처리반의 보고에 따르면, 이 공격에서 핵무기는 사용되지 않았지만, 이때 사용된 포탄이나 미사일의 화약은 히로시마형 원폭을 TNT 화약으로 환산한 것을 훨씬 능가한다고 합니다. 즉, 핵무기는 사용되

51일간의 전쟁(2014년)

당시 막대한 피해를 입은 가자의 슈자이야 지구(2014년 8월 1일 촬영)

사진: 로이터/아프로

지 않았지만, 그 파괴력의 규모와 희생자의 규모로 볼 때, 2014년 가자지구에서 일어난 일은 히로시마의 원폭과도 맞먹는다는 것입니다. 히로시마의 원폭이 대량 살육이라면, 2014년의 가자지구도 대량 살육입니다.

이 2014년의 공격 후부터 다히야 독트린은 '가자 독트린'이라고 불리게 되었습니다.

이 무렵부터 자살을 최대의 종교적 금기로 여기는 이슬람 사회인 가자지구에서 자살자가 나오게 되었습니다. 아랍어로 자살을 '인티하르'라고 합니다. 그때까지 '인티하르'

라는 말을 들어본 적도 없고, 들어도 무슨 의미를 알 수 없었던 사회에서 어느새 이 단어가 일상적인 단어가 되어 버렸습니다.

평화 시위에 대한 공격

2018년, 지금(2023년)으로부터 5년 전, 가자지구에서는 '귀환의 대행진'이 열렸습니다.

팔레스타인 사람들이 고국을 점령당하고 난민이 된 '나크바'로부터 70년째인 그해 3월 30일부터 70회 고국 상실 기념일인 5월 15일까지, 가자지구를 통치하는 하마스 외에 가자지구의 여러 당파가 함께 호소하며 '귀환의 대행진'이라는 이름을 내걸고 시위를 벌였습니다. 팔레스타인 깃발을 내걸고 모두 함께 이스라엘과의 경계선 부근으로 행진했습니다.

이 귀환의 대행진에서 내세운 주장은 세 가지입니다. 하나는 난민 귀환 실현입니다. 나크바로부터 70년, 가자지구에 있는 사람들의 70퍼센트는 1948년 난민이 되어 가자지구에 온 사람들과 그 후손들입니다. 그들이 이스라엘에 점령당한 자신들의 고향으로 돌아가는 것은 국제사회가 인정하는 그들의 민족적 권리입니다. 그 권리를 실현하겠다는 것입니다.

두 번째는, 이 당시에 이미 10년 이상 계속되고 있었던, 국제법 위반인 가자지구 봉쇄 해제입니다.

마지막 세 번째는, 당시 미국은 트럼프 행정부 시절이었는데요. 트럼프 대통령이 국제법을 짓밟고 미국 대사관을 점령하의 예루살렘으로 이전하기로 결정했습니다. 그것에 대한 항의입니다.

'귀환의 대행진'은 대부분 비폭력 시위였습니다. '대부분'이라고 한 것은 개중에는 타이어를 태우거나 간단한 폭발물을 부착한 연을 날린다든가, 그런 행동을 하는 젊은이도 있었지만, 기본은 비폭력 평화 시위였다는 겁니다. 그러나 이 비폭력 시위에 대해 이스라엘군은 최루탄을 쏘고 저격수가 비폭력 참가자를 겨냥해 총을 쏘았습니다. 국제 앰네스티의 보고에 의하면 반년 동안 사망자 150명, 부상자는 적게 잡아도 1만 명입니다. 게다가 그 1만 명 중 115명이 의료 종사자였습니다. 이스라엘군의 공격으로 부상당한 사람들을 돕기 위해 자원봉사자로 참여했던 사람들이 이들입니다. 그리고 1849명이 어린이입니다. 5800건 이상이 무릎 아래 또는 허벅지를 맞았기 때문에 다리 절단을 피할 수 없게 된, 실탄에 의한 부상이었습니다.

이스라엘은 의도적으로 젊은 사람들의 다리를 노립니다. 유산탄이라고 하는, 총알 안에 작은 탄환이 많이 들어 있어 탄착의 충격으로 그것이 터져 나오는 총알이나, 버터플라이 불릿이나 덤덤탄dumdum bullet처럼 착탄하면 탄두가 찢어져 여러 개의 칼날처럼 되는 총알 등 국제법상 사용이 금지된 무기를 이용합니다. 일반적인 탄환 하나뿐이라면 관통되거나 박힌 탄환을 적출하면 치료할 수 있을지도 모릅니다(물론 가자지구에는 의약품도 없지만요). 하지만 유산탄 같은 무기는 주변 혈관이나 신경까지 갈기갈기 찢어버리기 때문에 감염병을 일으키거나 해서 사망할 가능성도 있습니다. 그러니까 탄환에 맞으면 다리를 절단할 수밖에 없습니다. 한쪽 다리, 경우에 따라서는 다른 쪽 다리도 저격당해서 두 다리를 절단하게 된 젊은이들이 이때 많이 생겨났습니다. 이스라엘은 사살하는 것이 아니라 오히려 특히 젊은 사람들에게 평생 장애를 입히기 위해 다리를 저격하는 그런 전략을 적극적으로 취하고 있습니다.

이토록 많은 희생을 치르면서 호소했지만, 70년이 지나도 실현되지 않는 난민 귀환의 실현 요구도, 10년 이상에 걸친 불법적인 봉쇄를 해제해 달라는 요구도 언론에서 보도되지 않았습니다. 팔레스타인의 정당한 주장을 펼친 평화 시위에 대한 공격으로 엄청난 수의 사상자가 발생한 것도, 국제법에서 금지한 무기를 사용해 의도적으로 장애인을 만들어 내고 있는 것도 전혀 문제가 되지 않았습니다.

일본 언론은 5월 14일 미국 대사관의 예루살렘 이전 기념식을 보도하면서도 대사관 이전에 반대하는 팔레스타인인들이 가자지구에서 대규모 항의 시위를 벌이고 있습니다, 거기서 사상자가 발생하고 있습니다 정도로만, 있어도 그만이고 없어도 그만인 것처럼 전했을 뿐입니다.

이스라엘은 군사 점령한 동예루살렘을 병합해 그곳을 수도로 삼고 있습니다. 이것 자체가 국제법 위반입니다. 그러한 예루살렘으로 미국 대사관을 이전하는 것, 이것도 국제법 위반입니다. 이 사실을 제대로 보도하는 주류 언론은 없었습니다.

2014년 51일간의 전쟁이 일어난 지 7년 후인 2021년, 다시 15일간의 공격이 있었습니다.

그 사이에 파괴 무기는 엄청나게 진화했습니다. 미사일과 포탄이 건물에 발사되어 피어오르는 검은 연기의 규모가 전과는 전혀 달랐습니다. 미사일 한 발로 고층 건물 전체가 순식간에 잔해로 변해 버렸습니다. 2008~2009년의 첫 공격 당시에는 이런 일이 일어날 것이라고는 믿기지 않았던 그 공격이, 마치 한가로운 생각이었던 것처럼 느껴질 정도였습니다. 그야말로 다른 차원의 공격이었습니다.

뻔뻔한 망각

정전, 그리고 망각. 이렇게 우리는 망각을 반복함으로써 이번에도 가자지구가 이러한 틀림없는 집단학살로 가는 길을 닦아 온 셈입니다. 언론도 시민사회도 공격이 계속되어 건물이 파괴되고 사람이 대량으로 죽임을 당하고 있을 때만 주목하며 연일 보도하지만, 일단 정전이 되면 잊어버립니다. 가자지구 사람들의 삶을 압살하는 봉쇄가 여전히 계속되고 있는데도 말입니다. 팔레스타인 사람들'만'이 고통받는 한, 이스라엘이 아무리 국제법을 짓밟고 전쟁범죄를 저질러도 세계는 눈 하나 깜짝하지 않습니다. 세계가 인정하는, 국제사회가 인정하는 팔레스타인 사람들의 정당한 권리 실현을, 국제사회를 향해서 팔레스타인 사람들이 비폭력으로 호소해도, 그 시위가 이스라엘의 공격을 받아 사상자가 나오더라도, 세계는 상관하지 않습니다. 기껏해야 미국 대사관의 예루살렘 이전을 보도할 때 가자지구에서 이에 반대하는 항의 시위가 있었다고 소개하면 그만이라는 식인 것입니다.

저는 이 뻔뻔한 망각과 학살의 반복이 지금 가자지구에서 일어나고 있는 이 집단학살을 가져왔다고밖에 생각할 수 없습니다.

저는 언론을 비판하고 있지만, 이 비판은 저 자신에 대한 비판이기도 합니다.

어제 NHK 스페셜(2023년 10월 22일 자 방송 "하마스와 이스라엘 대립 격화 어디까지")을 보신 분들도 많을 것 같습니다. 2000년부터 2004년에 걸쳐 예루살렘 특파원을 했던 가모시다 鴨志田鄕 해설위원이 귀국하고 나서는 다른 일로 바빠 팔레스타인, 이스라엘에 대해 아무것도 관여하지 못했다고 자책감을 토로했습니다. 저는 가모시다 씨의 표정을 보면서, 이것이 그의 거짓 없는 솔직한, 정직한 심정이라고 느꼈습니다. 왜냐하면 지금 저 자신도 같은 마음으로 자책하고 있기 때문입니다.

나는 그동안 무엇을 하고 있었던 것일까.

공격이 일어날 때마다 "망각이 다음 학살을 준비한다", "우리는 얼마나 이 뻔뻔한 망각을 계속할 것인가"라고 호소하면서, 하지만 공격이 없을 때 나는 도대체 얼마나 가자지구를 세상에 알리려고 노력했을까.

뻔뻔한 것은 저 자신입니다. 그래서 지금 얘기를 하는 것이 너무 힘듭니다.

가르쳐주세요.

비폭력으로 호소해도 세계가 귀를 기울이지 않는다면, 총을 잡는 것 외에 가자지구 사람들에게 또 어떤 방법이 있었을까요? 반어적인 의문이 아닙니다. 순수한 의문입니다. 가르쳐주세요.

거대한 실험장

가자는 뭘까요?

가자지구, 그곳은 거대한 실험장입니다.

이스라엘의 최신식 무기의 성능을 실전에서 실험하는 곳입니다. 대규모 공격을 감행하면 전 세계의 뉴스가 이를 방영합니다. 가자지구는 그 무기의 성능을 시연하고 보여주는 쇼케이스장입니다. 신무기의 개발로 쓸모가 없어진 낡은 무기의 재고도 일소할 수 있는, 가자지구는 그런 편리한 장소입니다.

가자, 여기는 실험장입니다.

백만 명이 넘는 난민들을 가둬 놓고, 50년 이상이나 점령하고, 또 16년 이상 완전 봉쇄하고, 식량도 물도 의약품도 간신히 살아가기에 급급한 정도로만 제공한다면 인간은 어떻게 될까? 그 사회는 어떻게 될까? 무슨 일이 일어날까? 이런 실험입니다.

산업 기반은 파괴되었고 실업률은 50퍼센트에 가까운, 세계 최고 수준입니다. 그리고 50퍼센트 이상이 빈곤선 이하의 생활을 강요당하고 30퍼센트의 가정이 자녀 교육비조차 감당하지 못하고 있습니다. 80퍼센트의 가구가 식량 원조에 의존할 수밖에 없는 상태에서, 유엔이나 국제구호단체가 배급하는 밀가루, 기름, 설탕 등을 대량으로 섭취하면서 간신히 생명을 유지하는 데 필요한 칼로리를 충당하고 있습니다.

탄수화물이나 기름을 대량으로 섭취하면 어떻게 될까요? 지금 가자지구에서는 당뇨병이 풍토병이 되고 있습니다. 가자지구 사람들이 당뇨병으로 뚱뚱해지니까 이스라엘은 "다 뚱뚱하잖아, 완전 봉쇄로 가자지구 주민들이 굶주린다는 것은 거짓말이야"라는 식으로 말합니다.

미래에 대한 희망을 찾지 못하고 자신을 죽이는 것은 다른 사람을 죽이는 것과 똑같은 죄라고 여기는 이슬람 사회에서 스스로 목숨을 끊는 사람들이 끊이지 않고 있습니다.

소문이 나는 것을 피해 사고사로 위장하기 위해 추락사하는 사람들, 굳이 이스라엘과의 경계 울타리로 돌진하여 사살되는 사람들. 그렇게 하면 조국 해방을 위해 적과 싸우다 순교한 것이 되니까 자살이 아니게 되고 종교적인 죄를 지은 것도 아니게 되니까요. 또는 통행 중 휘발유를 뒤집어쓰고 몸에 불을 질러 분신자살하는 사람도 있죠.

13년 전(2010년), 튀니지의 한 지방 도시에서 가난한 청년 무하마드 부아지지가 광장에서 자신의 몸에 불을 붙여 불의가 만연한 사회에 죽음으로 항의했습니다. 그 결과 튀니지에서는 벤 알리 대통령의 20년 넘는 독재에 종지부가 찍혔고, 이집트에서는 무바라크 대통령이 퇴진하고 이집트 시민 혁명이 성취됐습니다. 자신도 그렇게 죽으면 세계가 주목하지 않을까, 가자지구의 봉쇄 상황에 대해 전 세계가 목소리를 높이지 않을까, 그런 생각으로 자살하는 젊은이들도 있습니다.

혹은 아이들의 배를 채워 주지 못하고 아버지로서 소임을 다하지 못해, 그 고통으로 목숨을 끊는 아버지들 혹은 이런 가자지구에서 아기가 태어나더라도 먹을 것이 충분하지 않고 게다가 다음 공격 때 죽임을 당할 게 뻔한 그런 가자지구에서 아이는 낳고 싶지 않다며 스스로 목숨을 끊는, 아기를 배에 품고 있는 여성이 있습니다.

그래도 어떻게든 살려고 하는 사람들도 있어요.
음악과 춤, 연극과 미술, 그런 것들을 지지대로 삼아서요. 그래서 문화센터가 공격을 받습니다.

바르샤바 게토에 갇힌 유대인들이, 그럼에도 문학과 음악, 연극 등 문화 활동을 통해서 저항했듯이 가자지구라는 야외 감옥에 갇혀 있으면서도 팔레스타인 사람들은 음악과 연극과 춤과 예술 등 문화적 활동을 계속하고 있었습니다. 2018년 8월 9일, 가자지구의 문화 활동 거점이었던 사이드 알미스할Said al-Mishal 문화센터가 공습을 받아 폐허가 되었습니다. 이곳은 거듭된 전쟁으로 트라우마를 입은 어린이들을 위한 레크리에이션 시설이기도 했습니다. 아이들 250명이 팔레스타인의 민족 무용인 답케를 배우고 있었습니다. 문화를 통해 팔레스타인인의 정체성을 키우는 곳이 었죠.

가자지구의 동물원

마약을 사용해 봉쇄 속에서 살아가는 고통에서 일시적으로 도피하려는 사람들도 있습니다. 그러나 그 금단 증상으로 약국을 털거나 가정에서 폭력을 휘두르는 등 봉쇄로 인해 사회와 가정이 내부에서부터 붕괴되고 있습니다.

하수처리시설이 가동되지 않아 230만 명의 생활하수, 화장실의 물부터 시작해서 하나부터 열까지 그대로 강으로 배수되어 지중해로 흘러 들어갑니다. 강 유역의 지하수도 오염되어 식수의 97퍼센트가 음용에 적합하지 않습니다. 하지만 물을 마시지 않으면 살 수 없기 때문에 몸에 나쁘다는 것을 알면서도 가난한 사람들은 그 물을 마실 수밖에 없습니다. 살리기 위한, 살기 위한 물이, 생명을 안쪽에서부터 갉아먹고 있는 것입니다.

생각해 보세요. 230만 명의 생활하수가 오수 처리되지 않은 채 그대로 떠내려가고 있다는 것. 가자지구의 바다에서 수영을 하는 것은 감염으로 인한 생명의 위험마저 있습니다. 실제로 죽은 사람도 있습니다. 가자지구 해변에서는 수영이 금지되었습니다. 하지만 전기는 하루 몇 시간만 공급됩니다. 여름 기온이 30도를 넘더라도 에어컨도 선풍기도 못 씁니다. 그래서 바다에서 더위를 식힐 수밖에 없는 거죠.

그러던 중 당연히 이스라엘 영해까지도 오염이 확산되어 하수처리시설이 조금씩만 가동되기 시작했고, 작년에 수영 금지가 일부 해제되었습니다.

가자지구 아이들에게 다른 나라 아이들과 같은 즐거움을 주고 싶어 하는 사람도 있습니다. 사비를 털어 지하 터널을 통해 동물을 가자지구로 데려와 동물원을 만든 사람이 있습니다. 얼룩말을 구할 수 없었기 때문에 당나귀에 얼룩말처럼 색을 칠해서 큰 인기를 끌었습니다.

그러나 2014년 51일간의 전쟁에서 이 동물원은 지상 침공한 이스라엘군에 의해 점거되었습니다. 동물들에게 먹이를 주게 해 달라는 간곡한 부탁은 받아들여지지 않았고, 정전하고서 이스라엘군이 철수한 후에 달려가 보니 동물들은 거의 굶어 죽어 가고 있었습니다. 지금은 그 동물

가자지구의 동물원

당나귀에 흑백 줄무늬를 칠해 얼룩말처럼 보이게 했다. 사진: Newscom/아프로

2014년 51일간의 전쟁에서 아사한 동물들을 박제하는 동물원 주인.

사진 : 로이터/아프로

들을 박제로 만들어 전시하고 있습니다. 동물원은 동물 박제 전시장이 되었습니다.

아사한 동물들의 박제가 늘어선 사진만 본다면 별로 기분이 좋은 일은 아닙니다. 왜 일부러 그런 일을 했을까 하는 생각이 듭니다. 이를 전하는 기사 중에는 아사한 동물들을 남성이 박제로 만들고 있는 사진이 있었습니다. 51일간의 전쟁에서 2200명이 죽었는데, 죽은 이들에 대해서는 더 이상 아무것도 해 줄 수가 없지만, 그 대신 아사하고 남은 동물들의 시신 하나하나를 소중히, 자비롭게, 박제로 만드는 그 모습에서, 잃어버린 무수한 생명에 대해 그가 그렇게 함으로써 속죄하고 있다는, 그런 마음을 느꼈습니다.

세계는 아무것도 하지 않는다

가자지구는 실험장입니다.

2007년 당시 150만이 넘는 인간을 좁은 장소에 가두고, 경제 기반을 파괴하고, 생명줄은 최소한만 공급하고, 겨우 생명을 이어 가는 상황에만 머물게 하고, 몇 년에 한 번씩 대규모로 살육하고, 사회기반시설을 파괴하고, 그러한 짓을 16년간 계속했을 때 세계가 이에 대해 어떻게 할 것인가 살펴보는 실험입니다.

그렇게 해서 알게 된 것—그것은 세계가 아무것도 하지 않는다는 것입니다.

가자지구에서 팔레스타인 사람들이 살든 죽든, 세계는 아무런 고통도 느끼지 않습니다. 그들이 죽임을 당할 때만 눈살을 찌푸릴 뿐입니다. 그러니 가급적 공격이 세계의 뉴스가 되지 않도록, 가능한 한 단기간에 마무리 짓는 것이 상책인 셈입니다. 2022년 5월의 공격은 3일 만에 종료되었습니다. 세계가 보도하기 전에 히트앤드런 한 것입니다.

어쨌든 전쟁이 멈추면, 금방 잊혀 버립니다.

75년 전 이스라엘 건국으로 인한 인종청소로 팔레스타인 사람들이 고국을 잃은 후, 팔레스타인의 역사, 팔레스타인 사람들의 역사는 난민이든 1967년의 점령하에 있었든, 서안지구든 가자지구든 혹은 이스라엘 국내에서든, 어디서나 집단학살의 역사였습니다.

1982년, 내전 중이던 레바논을 침공한 이스라엘군은 베이루트를 점령하고, 베이루트 외곽에 있던 팔레스타인 난민촌인 사브라와 샤틸라Sabra and Shatila를 포위 봉쇄합니다.

국제법에 따르면 점령군으로서 이스라엘군은 점령지

주민을 보호할 의무가 있었음에도 불구하고, PLO 전투원들이 베이루트에서 추방당해 비전투원만이 남아 있는 두 난민촌에 자신들과 동맹을 맺은 레바논 우파 민병대를 투입했습니다. 그들은 9월 16일부터 18일까지 3일간 도끼와 정글도로 난민촌 주민들을 학살했습니다. 이스라엘군은 밤이 되면 조명탄을 쏘아 대며 이 학살을 방조했습니다. 이 집단학살로 2천 명 이상이 살해되었습니다.

유엔에 의해 이 학살은 제노사이달 액트genocidal act, 즉 집단학살은 아니지만 집단학살적 행위로 인정되고 있습니다. 당시 국방장관이던 아리엘 샤론은 그 책임을 물어 장관직에서 사임하지만, 나중에 총리로 돌아오게 되죠.

이후 이 집단학살 행위에 대해 책임을 진 사람은 아무도 없습니다.

말과 휴머니티

저의 전공은 문학입니다. 지금 우리에게 무엇보다 필요한 것은 '문학'의 언어가 아닐까 생각합니다.

가자지구의 팔레스타인 전사들을 '하마스'로 뭉뚱그린

후 민간인을 잔인하게 살육하는 피에 굶주린 테러리스트처럼 표상하는 말들이 넘쳐나고 있습니다. 이스라엘 대통령은 하마스를 '인간의 모습을 한 괴물', '인간의 모습을 한 짐승'이라고 불렀습니다. 인간을 비인간화하는 이러한 말들에 호응하듯이 팔레스타인 사람들의 삶, 목숨 따위는 안중에도 없고, 그럴 필요도 없다는 듯이 무차별 폭격이 지금 진행되고 있습니다. 이스라엘의 지상 침공이 언제 일어날 것인가가 아니라, 지금 우리가 보고 있는 사태는 이미 집단학살, 대량학살입니다.

하마스로 명명된 사람들을 비인간화하는 말이 범람하는 가운데, 팔레스타인 사람들이 인간이라는 것을 우리가 이해하기 위해서 우리에게 문학이, 문학의 말이 필요합니다. 문학은 인간에게 휴머니티를 되찾게 합니다.

오해하지 마세요. 문학으로 인간성을 되찾는 것은 팔레스타인 사람들이 아닙니다. 우리들입니다.

팔레스타인 사람들이 우리와 똑같은 인간이라는 것, 이것은 당연한 말입니다. 유대교도나 기독교도라면 이를 "인간은 모두 신의 닮은 꼴로 창조되었다"라고 말할 것입니다(창세기 1장 26절). 무슬림이라면 "우리는 모두 바누 아담(아담의 후손)이다"라고 말할 것입니다. 그것을 우리가 이

해함으로써 우리 자신이 인간이 되는 것입니다. 타인의 인간성을 부정하는 것이야말로 휴머니티의 상실이며, 인간임을 스스로 포기하는 것입니다.

팔레스타인 시인 마흐무드 다르위시는 "시를 지으려면 생활에 여백이 필요하다"라고 말합니다. 문학에 대해 이야기하는 것도 시인의 시 짓기만큼은 아닐 수 있지만, 그러한 여백이 필요하다고 생각합니다. 하지만 팔레스타인이나 아랍의 문학을 전공하면서 팔레스타인과 아랍 세계에서 일어나고 있는 현실은 저에게 문학에 대해 이야기할 여백을 주지 않습니다.

문학은 언어의 예술입니다.
언어란 무엇일까요? 쓰기, 읽기, 생각하기, 말하기, 이 모든 것이 언어로 이루어집니다. 의사소통은 언어를 매개로 이루어집니다.
저는 대학에서 가르치고 있습니다. 저와 학생들을 이어주는 것은 언어입니다.
문학은 인문학의 하나입니다. 인문학은 영어로 휴머니티스humanities라고 합니다. 다시 말하면, 저는 언어를 통해 휴머니티를 가르치고 있습니다. 저는 오늘 지금 이 자리에 계신 분들 그리고 온라인으로 듣고 계신 분들께 말하고 있습니다. 언어로 여러분의 휴머니티에 호소하고 있습니다.

말과 휴머니티, 그것이 지금 우리를 연결하고 있습니다.

말과 휴머니티, 그것이 우리의 무기입니다. '무기'라는 불길한 말은, 이 경우 부적절한 비유일 수도 있겠습니다. 바로 그 무기에 의해 지금 이 순간에도, 가자지구 사람들이 잔해에 깔리거나 혹은 살점이 되어 목숨을 잃어 가고 있는 것을 생각하면 말입니다.

하지만 그럼에도 굳이 말과 휴머니티가 우리의 무기라고 말하겠습니다. 왜냐하면 이것은 투쟁이기 때문입니다.

우리는 싸우고 있습니다. 누구의 인간성도 부정당하지 않는 세상을 위해서요.

지구라는 이 작은 행성에서 삶을 향유하는 모든 인간이 서로 둘도 없는 친구로, 이웃으로, 형제자매로—창세기에 따르면 우리는 모두 같은 흙으로 빚어진 아담의 아이들입니다—그런 이들로 살아가는, 그런 세상을 실현하기 위해 우리가 싸우고 있기 때문입니다.

다시 한번 말하죠. 휴머니티야말로 우리의 무기입니다.

인간의 곁에 머뭅시다.

역사란 무엇일까요? 우리는 왜 역사를 배울까요?

역사도 인문학, 휴머니티스 중 하나입니다. 학교에서 역사를 공부한다는 것이 역사를 '배운다'는 것과 같은 것일까요? 우리는 정말 역사를 배우고 있는 것일까요? 배운 역사를 지금을 사는 우리의 교훈으로 삼고 있을까요?

충격적인 사건이나 대참사가 닥쳤을 때, 유언비어나 그런 위기에 편승해 의도적으로 퍼뜨려진 담론으로 인해 어떤 사태가 벌어질까요? 예를 들면 그것이 끔찍한 집단학살의 폭력이라는 형태로 나타난다는 것을 우리는 가장 최근의 현대사에서도, 또 우리 사회의 백년 전 사건에서도 경험하고 있습니다.

백년 전에 있었던 간토 대지진 그리고 그 참사의 충격으로 부채질된 형태로 일어난 조선인 집단학살이 이곳 도쿄에서, 가나가와에서 일어났습니다. 이 살육에 당시 언론도 가담했습니다.

고이케 유리코小池百合子 도쿄도지사는 취임 2년째부터 집단학살의 희생양이 된 조선인 추도식에 메시지를 보내길 완강히 거부하고 있습니다. 오히려 연구자에 의해 역사적 사실로 확증된 이 사건 자체를 인정하지 않고 있습니다. 이것은 학문의 부정입니다. 인문학적 지식의 부정입니다. 그리고 휴머니티의 부정입니다.

세계로 눈을 돌리면 2001년 9월 11일 미국에서 일어난 9·11 테러의 충격으로 복수심에 불타오른 미국은 먼저 아프가니스탄을 공격합니다. 2021년 미군이 철수할 때까지 20년 동안 아프가니스탄에서 직접적인 공격으로 사망한 민간인이 4만 6천 명에 달합니다.

미국의 복수심은 아프가니스탄을 공격하는 것만으로 충족되지 않았습니다. 아프가니스탄 침공 2년 후인 2003년, 미국은 존재하지 않는 대량살상무기를 빌미로 이라크를 침공했습니다. 이 일이 이후 이라크에 무엇을 가져다 주었을까요? 장기간에 걸친 내전과 파괴로 백만 명 이상이 난민이 되었고 NGO 이라크 보디카운트의 발표에 따르면 2000년부터 2019년까지 사망자가 18만에서 21만 명에 달합니다.

이 이라크 침공에 일본은 자위대를 파견하여 협력했습니다. 헌법 전문에 명시된 것과는 정반대로 한 것입니다. 그렇게 이라크 사람들을 고통스럽게 했습니다.

우리는 그 일에 책임이 있습니다. 우리가 그 일을 기억하고나 있나요?

또 아프가니스탄, 파키스탄에서 혹은 이라크에서 다수

의 무슬림이 미군에 의해 아무런 증거도 없이 테러리스트 혐의를 받고 쿠바의 관타나모 감옥으로 끌려가 고문을 당하고 장기간 구금되었습니다. 국제법을 위반한 중대한 인권침해입니다. 미국은 그야말로 초법적인 존재로서 초법적인 폭력을 행사해 왔습니다.

막강한 군사력을 가진 국가가 복수심에 사로잡혀 군사 공격을 할 때 그것이 어떤 폭력, 어떤 참사를 초래하는지 지난 21세기 20년 동안의 역사만 봐도 알 수가 있습니다.

'증오의 연쇄'로 이야기해서는 안 된다

현재 기업 언론의 보도에 이러한 가장 최근의 역사에 대한 비판적 인식이 얼마나 반영되어 있을까요? 백년 전에 언론이 공범으로 가담한 바 있는 조선인 집단학살에 대한 반성이 얼마나 반영되어 있을까요? 오히려 하마스를 악마화하고 비인간화하고, 이스라엘이 가자지구에 대해 보복하는, 그 공격을 정당화하는 데 적극적으로 봉사하고 있는 것 같다는 생각이 듭니다.

80년 전에 언론이 대본영의 발표에 동조하여 전쟁에

가담했던 것에 대한 전후의 반성은 당시 민주화의 시류에 편승한 단순한 포즈에 불과했던 것일까요? '시류에 편승한다'라는 관점에서 보면, 기업 언론의 보도에 정말로 일관성이 있다고 말할 수 있을지도 모릅니다.

올해 10월 7일과 그 이후의 사건에 관한 언론의 보도는 팔레스타인계 미국인 문학 연구자 에드워드 사이드가 비판하는 '커버링 이슬람', 즉 중동 등 이슬람 세계와 관련된 사건을 보도하는 것이 오히려 적극적으로 사실을 은폐한다는, 그 최신 사례를 제공하고 있습니다.

현재 가자지구 그리고 1948년 이후 이스라엘이라고 불리게 된 땅에서 일어나는 사건은 10월 7일 하마스 주도의 가자지구 전투원들이 벌인 기습 공격으로 갑자기 시작된 것이 아닙니다. 그보다 훨씬 전부터 시작된 거죠.

그러나 주류 언론의 보도를 보면 이 사건을 "왜 그런 사건이 지금 일어나고 있는가", "거기에 어떤 역사적 배경이 있는가"와 같은 역사적 맥락과는 단절하여, 테러 집단 '하마스'가 유대인에 대한 증오에 사로잡혀 테러를 자행했고, 테러를 당한 이스라엘이 자위권 행사로서 테러 집단 섬멸을 목표로 보복하고 있다는 식으로, 사건의 매우 한정적인 일부분만을 부각시켜 그것을 '폭력의 연쇄', '증오의 연쇄'

같은 단어로 정리하고 있습니다.

2000년 9월 시작된 제2차 인티파다 때는 하마스뿐만 아니라 팔레스타인 자치정부를 담당하는 파타도 이스라엘 영내에 침입해 자폭 공격을 비롯한 군사작전을 감행했습니다. 그 당시에도 '폭력의 연쇄', '테러와 보복의 연쇄', '증오의 연쇄' 같은 단어가 팔레스타인, 이스라엘을 말할 때의 수식어처럼 언론에서 사용되었습니다.

이런 말로 팔레스타인에 대해 보도하는 언론과 기자들은 문제의 뿌리에 어떤 원인이 있어서 지금의 사태가 발생하고 있는지, 그 역사적 경위를 알지도 못하고 조사하지도 않습니다. 다른 언론에서도 그렇게 사용하고 있기 때문에, 왠지 그렇게 말하면 문제의 본질을 말하고 있는 것처럼 보이기도 합니다. 또는 사실 그 경위를 알고 있으면서도 그것을 숨기고 싶어 한다고도 볼 수 있겠지요. 이 둘 중 하나라고 생각합니다.

팔레스타인과 이스라엘 사이에 일어나는 일은 '폭력의 연쇄'도 '증오의 연쇄'도 아닙니다. 이러한 단어를 사용하느냐 마느냐가 신뢰할 수 있는 언론인지, 신뢰할 수 있는 인물인지를 가르는 시금석이 될 수 있습니다.

제2차 인티파다의 한가운데에서, 미국 하버드대학의 선임 연구원이자 가자지구 정치 경제 연구의 세계적인 권위자 사라 로이는 〈홀로코스트와 함께 살아가기: 홀로코스트 생존자 자녀의 여정〉이라는 제목의 에세이를 썼습니다.

사라 로이 씨는 유대계 미국인으로 부모님은 유대계 폴란드인이며, 두 분 모두 홀로코스트 생존자입니다. 어머니는 아우슈비츠, 아버지는 헤움노라고 불리는 생환자가 두 명밖에 없는 절멸수용소의 생환자로, 헤움노의 수용소 터 입구에 있는 명판에는 사라 씨 아버지의 이름이 새겨져 있다고 합니다.

이 에세이에서 사라 씨는 왜 팔레스타인 사람들의 자폭 공격이 일어나는지에 대해서 다음과 같이 쓰고 있습니다. 조금 길지만 인용하겠습니다.

> 이스라엘의 팔레스타인 점령은 두 민족 사이의 문제 중 가장 핵심적인 부분입니다. 이 문제가 해결될 때까지 계속 그럴 것입니다.
>
> 지난 35년 동안, 점령이 의미한 것은 추방과 이산이었습니다. 가족의 분단이며 군의 통제에 의해 조직적으로 부정되는 인권, 시민권, 법적·정치적·경제적 권리였습니다. 수

천 명에 대한 고문, 수만 에이커의 토지 수용, 7천 채 이상에 달하는 팔레스타인인들의 주택 파괴, 팔레스타인인들 땅에 불법적인 이스라엘인 정착촌을 건설하고 지난 10년간 정착민의 인구가 두 배로 증가한 것, 팔레스타인인들의 경제를 우선 무너뜨리고 그런 후 지금 파괴하고 있는 것, 봉쇄, 외출 금지, 지리적으로 분단시켜 주민을 고립시키는 것, 집단 징벌 등이었습니다.

팔레스타인인들에 대한 이스라엘의 점령이 나치에 의한 유대인의 집단학살과 도덕적으로 등가인 것은 아닙니다. 하지만 등가일 필요가 전혀 없습니다. 확실히 이것은 집단학살은 아닙니다. 하지만 이것은 억압이자 잔학한 일입니다. 게다가 이제 끔찍할 정도로 극히 자연스러운 일이 되어 버렸습니다. 점령이란 한 민족이 다른 민족에 의해 지배당하고 박탈당하는 것을 뜻합니다. 그들의 재산이 파괴되고 그들의 영혼이 파괴된다는 것입니다. 점령이 그 핵심에서 목표로 하는 것은 팔레스타인인들이 자신들의 존재를 결정할 권리, 자신들의 집에서 일상생활을 할 권리를 부정함으로써 그들의 인간성도 부정해 버리는 것입니다. 점령이란 수치입니다. 절망입니다. 그리고 홀로코스트와 점령이 도덕적으로 등가인 것도 아니고 대칭인 것도 아니듯이, 점령자와 피점령자 또한 도덕적으로 등가도 아니고 대칭도 아닙니다. 아무리 우리 유대인들이 자신을 희생자로 간주한다 해도 말입니다.

그리고 끔찍하고 가증스러운 자살폭탄 행위가 일어나 더 많은 무고한 사람들의 목숨을 앗아 가고 있는 것은, 널리 잊히고 있지만, 바로 이 박탈과 질식 상태라는 정황하에서라는 것입니다. 왜 무고한 이스라엘인들이—거기에는 나의 이모와 그녀의 손자들도 포함됩니다—점령의 대가를 치러야만 하는 것일까요? 정착촌과 파괴된 집들, 봉쇄용 바리케이드는 자살폭탄범에 앞서 존재했던 것이지만, 그것들이 아주 오래전부터 거기에 존재했던 것은 아닌 것처럼, 자살폭탄범 또한 처음부터 거기에 존재한 것이 아닙니다. _ 사라 로이, 〈홀로코스트와 함께 살다: 홀로코스트 생존자 아이들의 여정〉, 오카 마리 번역, 《미스즈》, 2005년 3월호)

지금으로부터 20여 년 전, 가자지구 봉쇄가 시작되기 전에 쓴 글입니다.

아직 트위터도 인스타그램도 없던 그 시절, 매일 아침 컴퓨터를 켜고 이메일 수신 폴더를 열면 2차 인티파다의

한복판에 있는 팔레스타인 친구들로부터 비명 같은 메일이 도착했습니다.

매일 점령 중인 팔레스타인 어딘가에서 누군가가 죽임을 당하고 있고, 가족이나 친구, 지인이나 이웃 중 누군가 살해당하지 않은 사람은 아무도 없는 상황이었습니다. 그 상황이 20년이 지난 지금 돌이켜보면 한가로운 일처럼 느껴지기도 합니다. 4년 반에 걸친 제2차 인티파다 때 팔레스타인 사망자는 3천 명 정도입니다.

항상 최악을 계속 갱신하는 팔레스타인. 가자지구도 서안지구도 현재 상황은 20년 전 당시부터 기하급수적으로 악화되고 있습니다. 지금과 비교하면 이스라엘군의 억압도 덜했습니다. 하지만 그 당시, 정말로 그 당시에는 전에 없던 최악의 사태였습니다.

그 당시 사라 씨는 단언했습니다. 이스라엘이 팔레스타인에 행하고 있는 것은—유대인이 아무리 자신들을 희생자로 간주하더라도—타자의 인간성을 부정한다는 점에서 나치가 유대인에게 행한 것과 같은 것이라고 말입니다. 그런데 팔레스타인 사람들에 의한 끔찍한, 가증스러운 자살폭탄 공격은 어디로부터 나타난 것일까요? "자살폭탄범 역시 처음부터 존재한 것은 아니다"라고 그녀는 말합니다

(사라 씨가 자살폭탄 테러라는 말을 쓰지 않고 자살폭탄 행위라고 말하고 있다는 점에도 주의하세요).

즉, 거기에는 자살폭탄범을 낳게 된 원인이 있다는 것입니다. 그렇다면 그 원인은 무엇일까요? 그것은 점령이라는, 박탈과 질식 상태입니다. 점령이라는, 타자의 인간성을 부정하는 폭력이야말로 사건의 근원에 있다고 사라 씨는 말합니다. 거꾸로 말하면, 이 점령이라는 폭력의 문제를 정면으로 마주하지 않는 한, 현재진행형으로 발생하고 있는 폭력에 대해 우리가 제대로 이해할 수 없다는 것이고, 제대로 이해하지 못하면 제대로 해결할 수 없다는 것입니다.

'폭력의 연쇄', '증오의 연쇄'라는 말로 팔레스타인, 이스라엘에서 일어나고 있는 일을 이야기하는 것은 단적으로 말해서 거짓이고 사실의 왜곡이며 사실의 은폐입니다.

서안지구에서 일어나고 있는 일

가자지구와 서안지구는 1967년 이스라엘에 군사 점령된 이후로, 철수하라는 유엔 안보리 결의에도 불구하고 이를 무시하는 이스라엘에 오늘날까지도 계속 군사 점령당한 상태에 있습니다. 안보리 결의를 위반한 점령은, 앞으로 4년이면 60년을 맞이하게 됩니다.

상상해 보십시오.

60세 이하의 사람들은 태어날 때부터, 아니 철들기 전부터 줄곧 이스라엘의 군사 점령하에서 이스라엘 군인들이 겨눈 총구를 보면서 인간으로서의 모든 자유도 평등한 권리도 빼앗긴 채 살아왔습니다. 1990년 8월, 이라크에 침공당해 점령당한 쿠웨이트가 7개월 후에 해방된 것과 얼마나 다른지요.

그리고 앞에서도 말했듯 가자지구는 2007년부터 국제법을 위반한 완전 봉쇄가 계속되어 경제 기반이 파괴되었는데요. 이런 가자지구에 16년 이상 갇혀 있는 사람들 중 60퍼센트 이상이 만족스러운 식사도 섭취할 수 없는 상황에 놓여 있으며 80퍼센트의 가구가 유엔을 비롯한 지원단체의 배급으로 간신히 끼니를 때우고 있는 상황입니다.

가자지구의 인도적 위기는 10월 7일 하마스가 주도한 기습 공격에 의해 갑자기 생겨난 것이 아닙니다. 이보다 훨씬 전부터 이스라엘의 정치적 의도에 의해서, 즉 가자지구의 팔레스타인 사람들을 오늘 겨우 연명하는 것이 고작인, 그런 상황에 머물게 함으로써 '점령으로부터의 해방',

'주권을 가진 팔레스타인 독립 국가' 등의 정치적인 주장을 하지 못하게 하려는, 그러한 의도에 의해서 가자지구 사람들이 인위적으로 만들어진 인도적 위기 상태에 놓이게 된 것입니다.

2012년에 유엔은 가자지구 봉쇄가 이대로 계속되면 2020년에는 가자지구에 사람이 살 수 없는 상태가 될 것이라고 경고했습니다. 하지만 세계는 이를 줄곧 관심 밖에 내버려두었습니다.

또한 서안지구에서는 국제법을 위반한 정착촌 건설이 진행되고 있으며 이스라엘군과 정착민들의 폭력이 일상화되고 있습니다. 서안지구에서는 올해 2023년 상반기에만 팔레스타인 사람들에 대한 정착민의 폭력이 600건 있었습니다. 월평균 100건이라고 합니다. 영국 《가디언》의 2023년 10월 20일 자 기사에 따르면, 올해 1월 1일부터 9월 19일까지 서안지구에서 팔레스타인인 189명이 정착민과 군에 의해 살해되었습니다. 게다가 10월 7일 이후에만 64명이 살해되었고 의료시설 77곳이 습격당했습니다 (2023년 10월 23일 기준).

베첼렘 B'Tselem이라는 이스라엘 인권단체는 유대인 정착민의 폭력을 "국가가 후원하는 폭력State Sponsored Violence"이라고 부르며 웹사이트에 정착민의 폭력 행위를 촬영한 동영상 등을 올리고 있습니다. 팔레스타인 사람들이 살고 있는 주택에 집단으로 돌을 던져 공격하고, 팔레스타인 사람들의 차가 세워져 있으면 창을 부수고, 팔레스타인 농가의 밭에 불을 지르거나 집에 방화를 하는 등, 자신들이 하고 싶은 대로, 군의 호위를 받으며 폭력을 휘두르고 있습니다. 이에 대해 팔레스타인 사람들이 조금이라도 항의하면 그 자리에서 체포돼 무기한 구금되어 버립니다.

이스라엘의 이타마르 벤그비르라는, 네타냐후 정권이 연립정부를 구성한 극우 정당의 당수이자 현재 치안 장관을 맡고 있는 인물은 현 상황에서 서안지구 정착민들에게 1만 정의 소총을 더 제공하겠다고 말했습니다.

2003년 미군 등의 이라크 침공 당시에는 세계의 이목이 이라크에 집중되었습니다. 그 와중에 점령된 팔레스타인에서는 팔레스타인 사람들에 대한 이스라엘군의 살해가 크게 증가했습니다. 이와 똑같은 일이 지금 서안지구에서 일어나고 있습니다. 세계의 눈이 가자지구에 쏠린 틈을 타서 서안지구에서도 팔레스타인 사람들에 대한 무장한 정착민과 이스라엘군의 습격이 현재 진행 중입니다.

즉, 문제의 배경에는, 서안지구와 가자지구에 한하더라도, 60년에 가까운 이스라엘에 의한 점령이 있습니다. 팔레스타인 사람들에 대한 초법적인 점령이라는 폭력이 있습니다. 그것이 주류 언론의 보도를 통해 항간에 유포되는 담론에서는, 거의 완전히 외면당하고 있습니다. 마치 10월 7일과 그 이후의 모든 사건이 '하마스에 의한 테러'로 환원되어, 사건의 근원에 있는 문제를 묻지 않는 구도가 만들어지고 있습니다.

10월 7일의 공격이 의미하는 것

2023년 10월 7일, 하마스가 주도하는 가자지구의 팔레스타인 전사들은 자신들을 16년 이상이나 국제법을 위반해 가두어 두었던 가자지구를 에워싼 펜스를 뚫고, 패러글라이딩으로 혹은 모터보트로 월경 공격을 감행했습니다. 그것은 점령자와 점령군에 대한 점령당한 사람들의 저항의 반격입니다.

일본 언론 대부분이 보도하지 않았지만, 우선 그들은 가자지구 주변에 있는 이스라엘 군사 기지 12곳을 점거했습니다. 비록 짧은 시간이었지만, 그곳을 점거했습니다. 그곳에 있던 이스라엘 군인을 포로로 잡은 후, 이스라엘군과 교전을 벌여 점거하고 있던 전투원들이 모두 살해된 것으로 알고 있습니다. 이런 사항은 거의 언급되지 않은 채, 키부츠와 야외 음악 축제가 습격당하고, 거기서 민간인이 살해되었다는 것만 강조되어 보도되는 것 같습니다.

점령당한 사람들이 점령으로부터의 해방을 위해 점령군에 무력을 사용해 저항하는 것은 국제법상 정당한 저항권 행사입니다. 하지만 이때 지켜야 할 규칙이 있습니다. 민간인을 공격하거나 민간인을 인질로 잡는 것은 국제인도법 위반이자 전쟁범죄입니다. 점령으로부터의 해방을 목표로 하는 무장 저항이 정당하다고 해도, 전쟁범죄에 해당하는 이러한 행위가 용납되어서는 안 됩니다. 국제법에 입각해 전쟁범죄로 제대로 재판을 받아야 합니다. 그렇다고 해서 점령하의 팔레스타인 사람들이 이스라엘의 점령으로부터 해방을 요구하며 싸우는 것 그 자체가 불법화되는 것은 아닙니다.

잘못된 전술을 취했다고 해서 해방을 요구하는 그들의 싸움, 그 요구 자체가 전부 부정되는 것은 아니라고 생각합니다. 목적이 옳다고 해서 거기서 취해지는 모든 수단이 정당화되는 것은 아닙니다. 반대로 수단이 잘못되었다고 해서, 애초에 옳다고 여겨지는 목적이 전부 부정되는 것도 아닙니다.

10월 10일, 미국 컬럼비아대학 역사학 교수이자 팔레스타인계 미국인인 라시드 할리디 교수의 온라인 강연회가 있었습니다. 여기서 할리디 교수는 먼저 역사학자로서 알제리, 아일랜드, 베트남 등의 예를 들며 지금까지의 다양한 민족해방 투쟁에서 해방 투쟁을 하는 측에서도 테러를 행한 적이 있었다는 점을 역사적 사실로 지적했습니다.

프랑스의 식민지 지배로부터 해방을 목표로 한 알제리의 민족해방전선FLN 측도 식민자를 집단학살했습니다. 영화《알제리 전투》에서 묘사된 것처럼, 그들은 알제리 수도 알제의 카페에서 폭탄 테러도 저질렀습니다. 그러나 그렇다고 해서 프랑스의 알제리 식민지 지배가 정당화되는 것은 아니며, 민족해방을 위해 알제리 사람들이 투쟁하는 것이 잘못되었다는 것도 아닙니다. 하마스가 주도한 기습 공격에서 벌어진 민간인에 대한 공격과 납치가 전쟁범죄라고 해도, 그 한 가지 사항으로 이스라엘의 점령이라는 범죄의 지속이나 그것을 유지하기 위해 점령지 사람들을 무차별적으로 폭격하는 것 등이 정당화되지 않습니다.

일본의 보도는 이번 기습 공격에서 팔레스타인 전투원들이 가자지구 주변의 이스라엘 군사 기지를 공격하고 그 병사들을 포로로 잡아 짧은 시간 동안이나마 그 기지들을 점거한 것에 대해서는 거의 언급하지 않았습니다. 민간인을 공격하고 가자지구로 데려간 것만을 강조함으로써 "하마스는 점령이라는 불의로부터 민족을 해방시키고자 하는 운동 조직이다"라는 사실은 사라지고 단순한 테러 집단으로 비하되고 있습니다. 게다가 이스라엘은 하마스를 IS에 비유함으로써 그들의 기습 공격이 아무런 대의명분도 없는 것인 양, 자신들의 공격이 테러에 대한 자위권 행사인 양 보이게 하고 있습니다. 모든 것은 문제의 근원을 덮어 감추기 위해서입니다.

밝혀져 온 사실

미국의 유대계 언론인이 만든 '몬도바이스Mondoweiss'라는 팔레스타인에 관한 정보 사이트에 오늘(2023년 10월 23일) 이런 기사가 톱뉴스에 올랐습니다. 이번 이스라엘 측 사망자는 도대체 어떤 사람들이고 누구에 의해 어떻게 살해당했는지를 분석한 기사입니다.*

"10월 7일 공격에서 이스라엘 민간인·군인의 죽음에 이스라엘군이 책임이 있다는 보고 증가 A growing number of reports indicate Israeli forces responsible for Israeli civilian and military deaths following October 7 attack"라는 제목의 그 기사에 따르면, 이스라엘은 "하마스가 민간인을 살해했다"라고 말했지만, 그렇지 않다는 정보가 점점 더 많이 나오고 있다고 합니다.

기사의 필자는 '익명의 기고자'라고 되어 있습니다만, 기사 첫머리에 "이스라엘 내에서 비판적인 목소리에 대한 파시즘적인 박해가 격화하고 있기 때문에, 이 기사의 필자는 신변의 위험을 느껴 이름을 공개하지 말아 달라고 편집부에 요청했다"라고 편집부 주가 붙어 있습니다. 즉, 이 기사를 쓴 사람은 이스라엘 내부인으로, 이스라엘 정부나 군을 비판했다가 박해를 받을까 두려워해서 익명으로 처리된 것입니다.

자세한 것은 이 기사를 읽어 보시기 바랍니다만, 간단히 말해서 "하마스가 점거한 기지에 대해 군사령관 자신이 공습을 지시했다. 아직도 팔레스타인 전투원이 점거해 이스

---

* https://mondoweiss.net/2023/10/a-growing-number-of-reports-indicate-israeli-forces-responsible-for-israeli-civilian-and-military-deaths-following-october-7-attack/ [검색일 2024년 8월 14일]

라엘군을 포로로 잡고 있거나 교전 중인 기지에 이스라엘군 치안 부대가 들어와, 이스라엘군이 자국 군인을 폭격했을 가능성이 있다"라는 것입니다. 즉, 이스라엘군이 군사 기지를 점거한 팔레스타인 전투원을 섬멸하기 위해 공습을 가하여 자국 군인인 이스라엘 병사들까지도 살해했을 가능성이 있다는 것입니다. 며칠 전에는 이스라엘 국영 라디오 방송 인터뷰에서 키부츠에서 한때 인질로 잡혔다가 풀려난 유대인 여성의 증언이 방송됐습니다(94쪽 참조). 자신을 인질로 잡은 팔레스타인 전투원들이 인도적으로 대우해 주었다고 그녀는 말했습니다. 물도 자주 주었고, 실내가 덥다며 밖에 나가 더위도 식히게 했다고 합니다.

그녀와 함께 인질로 잡혀 있던 사람들 중 한 명을 제외하고 모두 죽었는데, 이들을 죽인 것은 도착한 이스라엘 치안 부대였다고 증언하고 있습니다. 밖에서 더위를 식히던 이스라엘 인질들은 팔레스타인 전투원들과 함께 살해당했다고 합니다. 그녀는 팔레스타인 전투원이 투항하기로 결심하고 그녀를 인간 방패로 삼은 덕에 그 집을 빠져나올 수 있었습니다. 그러나 이스라엘의 치안 부대는 안에 아직 인질이 남아 있는 그 집을 포격하여 초토화시켰습니다.

팔레스타인 측의 공격으로 살해된 민간인이 없었던 것은

아니라고 생각합니다(AP통신의 팩트 체크에 따르면, 세 건의 민간인 살해가 확인되었습니다). 그러나 그 내용이 초기 단계에 이스라엘군 혹은 이스라엘 정부가 발표한 내용과는 상당히 다른 것이 아닌가 하는 정보가 나오고 있습니다.

이번 기습 공격에서 몇 가지 행동이 국제인도법 위반으로 전쟁범죄에 해당한다는 것은 확실합니다. 여기서 소개하고 싶은 것은 가산 카나파니 Ghassan Fayiz Kanafani라는 작가의 말입니다. 그는 1936년 팔레스타인의 아크레에서 태어나 열두 살 때 이스라엘 건국으로 난민이 되었고, 나중에 언론인·작가가 되어 1972년 서른여섯 살 나이로 이스라엘 정보기관에 의해 폭살로 암살당했습니다.

카나파니는 유작이 된 《하이파에 돌아와서》*라는 중편소설에서 이렇게 쓰고 있습니다.

"우리가 잘못을 바로잡았을 때, 당신들에게는 무엇이 남는가?"
너희는 언제쯤 타자의 약함과 잘못을 자신의 특권을 보증하는 것으로 간주하는 짓을 그만둘 것인가? … 우리가 계속 잘못을 저지를 것이라고 생각하는가? 어느 날 우리가

---

* [옮긴이] 《불볕 속의 사람들》(김종철 옮김, 창비, 1996) 수록.

잘못을 저지르길 멈추면, 너희에게는 무엇이 남을까?

_ 오카 마리 옮김, 《계간 젠야前夜》, 12호

이스라엘 측은 팔레스타인 사람들이 저지른 잘못, 그것만을 빌미로 자신들의 범죄행위를 줄곧 정당화해 왔다. 확실히 우리는 잘못을 저질렀다. 그건 인정한다. 그렇다면 우리가 잘못을 바로잡았다면 당신들에게는 도대체 무엇이 남는 것인가?―카나파니는 이스라엘에게 이렇게 묻고 있습니다. 마치 오늘의 사태를 예언하고 있었던 것 같은 말입니다.

진짜로 질문할 것은 '이스라엘이란 무엇인가' 아닐까?

10월 7일 이후, '하마스란 무엇입니까'라는 질문을 몇 번이나 받았습니다. 텔레비전 등에서도 하마스가 무엇인지에 대해서 자주 논의하고 있습니다. 하지만 저는 이것은 잘못된 질문이라고 생각합니다. 잘못된 질문에서 올바른 답은 나올 수 없습니다.

앞서 소개한 작가 가산 카나파니도 속해 있던 PFLP(팔레스타인해방인민전선)가 마르크스-레닌주의를 표방하는 민족해방운동이었던 것과 마찬가지로, 하마스는 이슬람주의를 표방하는, 점령으로부터 민족의 해방을 요구하는 운동 조직입니다. 왜 해방을 요구하는가? 그것은 이스라엘에 의한 점령이 있기 때문입니다. 이스라엘이 국제법상 점령을 하고 있다는 것은 객관적 사실입니다. 그리고 앞서 말씀드렸듯이 피점령자가 점령에 맞서 싸우는 것은 무장투쟁까지도 포함해서 국제법상 정당한 저항권 행사입니다. 주류 언론은 이 사실을 제대로 논하지 않습니다. 하마스가 무장투쟁을 벌이고 있다고 함으로써 '테러 집단'인 것처럼 전하고 있습니다.

'하마스란 무엇인가'가 아니라 오히려 물어야 할 것은 **'이스라엘이란 무엇인가'**라고 생각합니다. 이스라엘이란 무엇인가, 어떻게 건국되었는가. 그것이 문제의 뿌리에 있는 원인입니다.

이스라엘은 팔레스타인에 대해 행사하는 온갖 폭력을 자신들이 유대인이라는 점, 홀로코스트의 희생자라는 점으로 정당화하며 자신들에 대한 모든 비판을 '반유대주의'라고 주장해 왔습니다. 일본 언론은 마치 이스라엘=유대인인 것처럼 보도하고 있습니다.

이에 반해 이번 10월 18일, 미국의 정통파 유대계 시민 500명이 가자지구에서 벌어지고 있는 집단학살에 항의해 미국 의회 시설을 점거했습니다. 300명이 체포되었다고 합니다.

　미국은 이스라엘에 매년 막대한 군사 예산을 제공하고 군사 지원을 하고 있습니다. 게다가 이번에도 미국은 추가 무기 공여를 결정했습니다. 다른 한편, 바이든 대통령은 가자지구의 재건 예산, 인도적 지원 예산을 의회에 요청했습니다. 완전한 매치 펌프*입니다.

　그런 미국에서 유대계 시민들이 의회 시설을 점거하고 이스라엘에 대해 "너희가 저지르는 범죄를 유대인인 우리 이름으로 저지르지 마라", "자신들의 혈육과 친척, 사랑하는 사람들이 죽임을 당한 홀로코스트의 기억을 팔레스타인인들을 살육하는 것의 정당화에 이용하지 마라. 그것은 홀로코스트 사망자들에 대한 모독이다"라고 이스라엘에 항의한 것입니다.

　이 항의 집회에 참석했던 유대인 여성의 발언을 소개

---

* [옮긴이] 일본어 match와 네덜란드어 pomp의 조합으로, 자기 쪽에서 폭로하겠다고 불을 당기고 나서 상대에게 불을 꺼 주겠다고 제의하는, 부당한 이익 추구 방식을 뜻한다; 부당한 이익 추구 방법의 속칭. 한쪽으로는 사건을 추궁하면서 다른 한편으로는 수습을 제의하여 금품을 후리는 방법. 《엣센스 일한사전》(민중서림), 《엣센스 외래어사전》(민중서림) 참조.

합니다.

유대교의 가르침이 우리를 오늘 이 자리로 데려왔습니다. 성경에서 인간은 모두 하나님의 닮은 꼴로 창조되었다고 가르치기 때문만은 아닙니다. 이스라엘 정부에서 지금 내뱉고 있는 말이 집단학살을 불러오고 있기 때문입니다. 착각하지 마세요. 유대인이니까 우리는 그것을 알 수 있어요. 그래서 우리는 아픔을 통해 목소리를 높여야 합니다. 우리는 목소리를 높여야 합니다. 왜냐하면 우리는 잘 알고 있기 때문입니다. 그들은 팔레스타인 주민 전체를 폭격하면서 인간 동물이라 말하고 있습니다. 우리는 그것이 어디까지 이어질지 알고 있습니다.*

대중매체가 보도하는 것은 이스라엘의 키부츠에서 하마스에 대한 복수심을 불태우는 유대인의 목소리입니다. 하지만 지금 전 세계 많은 유대인들이 이와는 정반대의 목소리를 내고 있습니다. 유대인이라는 것은 유대교의 가르침을 자신의 삶의 윤리로 삼는다는 것을 뜻합니다. 유대교

---

* https://www.palestinechronicle.com/ceasefire-now-pro-palestine-protesters-stage-large-sit-in-us-capitol-videos/ [검색일 2024년 8월 14일]

의 가르침 자체를 짓밟는 이스라엘이 유대인의 이름으로 홀로코스트의 기억을 이용해 홀로코스트와 똑같은 집단학살을 저지르고 있다는 것. 이에 대한 유대인, 미국인, 인간으로서의 아픔과 괴로움 때문에 많은 유대인이 목소리를 내고 있다는 것을 부디 알아주시기 바랍니다.

시오니즘과 팔레스타인 분할안

앞서 인용한 사라 로이 씨는 에세이에서 "팔레스타인에서 일어나고 있는 상황은 집단학살이 아니다"라고 말했습니다.

확실히, 지금까지 팔레스타인에서 일어난 개별 사건을 사망자 수로만 보면, 집단학살이라고 부를 수 있는 규모는 아닙니다만, 이스라엘 출신 유대인 역사가 일란 파페는 이스라엘에 의한 팔레스타인 인종청소의 폭력을 '점진적 집단학살incremental genocide'이라고 부르고 있습니다. 즉, 1948년 나크바부터 75년이 지난 오늘날까지 서서히 진행되어 온 (최근에는 그 규모가 엄청난 속도로 확대되고 있습니다), 그러한 75년이라는 긴 세월에 걸쳐 점진적으로 진행되고 있는 집단학살이라는 뜻입니다.

1948년, 이스라엘의 건국으로 원래 그곳에 살고 있던 팔레스타인 사람들은 조국을 잃었습니다. 유럽의 유대인들이 유대인에 의한 유대인을 위한 유대인의 나라, 한마디로 '유대인 지상주의 국가'를 만들었기 때문입니다.

19세기 말 유럽에서 프랑스의 드레퓌스 사건을 계기로 유럽-기독교 사회의 역사적 고질병이라고 해야 할 유대인 차별·반유대주의로부터 유대인이 해방되려면 유대인이 다수자를 차지하는 유대인 국가를 만드는 수밖에 없다는 생각이 생겨났고, 팔레스타인에 유대인 국가를 건설한다는 정치적 프로젝트 '시오니즘'이 등장합니다.

제2차 세계대전 후 유럽에서 홀로코스트에서 살아남아 나치의 지배에서는 해방되었지만 돌아갈 곳이 없는, 갈 곳 없는 25만 명이나 되는 유대인이 난민이 되었습니다. 이 유대인 난민들을 어떻게 할 것인가가 연합군, 혹은 당시 막 출범한 국제연합에 닥친 큰 문제 중 하나였습니다. 국제사회는 그것을 어떻게 해결했을까요?

팔레스타인에 유대인의 나라를 만들겠다는 프로젝트, 시오니즘이 이미 존재했고, 시오니스트들은 이미 19세기 말부터 팔레스타인에 정착하기 시작했습니다. 말하자면 이에 편승하는 형태로 1947년 11월 유엔 총회는 팔레스타인을 둘로 분할하고, 그곳에 유대인 국가를 만든다는 안을 가결했습니다.

이 분할안이 총회에 회부되기 전, 임시위원회가 이를 면밀하게 검토하여 법적으로 불법이며, 유엔 헌장 위반이라고 말했습니다. 아랍 국가는 경제적으로 지속 불가능해진다는 것이었죠. 뭐니 뭐니 해도 홀로코스트는 유럽에서 일어난 유럽의 범죄입니다. 그 범죄의 대가를 팔레스타인에 유럽 유대인 나라를 만들어 팔레스타인 사람에게 치르게 하는 것은 정치적으로 불의하다. 이런 분할은, 설령 가결되더라도 기능하지 않는다고, 'unpractical'(비현실적)이라고 단언하고 있습니다.

미국 국무부도 처음에는 반대했습니다. 그 지역 주민들이 분명 불행해질 것이 뻔히 보이는 안에 찬성할 수는 없다고 했습니다. 그러나 트루먼 대통령의 개입으로 특별위원회에서 이 안이 가결되어 총회에 상정되었고, 미국과 소련에 의한 다수파 공작으로 찬성 다수로 가결되고 말았습니다.

그러나 이 분할로 인해 유대인 국가 인구의 40퍼센트

를 아랍인이 차지하게 됩니다. 이스라엘의 초대 총리가 된 벤구리온은 유대인 국가가 생긴다 해도 유대인 인구가 단 60퍼센트에 불과하다면 안정적이고 강력한 유대인 국가가 될 수 없다고 말했습니다. 즉, 유대인 국가의 영토에서 가능한 한 아랍인을 배제하라는 것입니다. 그 결과, 이 분할안 직후부터 이듬해 5월, 이스라엘 건국을 사이에 두고 1949년 겨울까지 1년 이상에 걸쳐 팔레스타인 각지에서 유대인 민병대에 의한, 혹은 이스라엘 건국 후에는 이스라엘군에 의한 팔레스타인 사람들에 대한 인종청소의 폭풍이 불어닥치게 됩니다. 훗날 이스라엘이 되는 팔레스타인 각지에서 집단학살이 일어납니다.

이스라엘 건국 한 달 전인 4월 9일에는 예루살렘 외곽에 있는 아랍인 마을 데이르 야신에서 남녀노소 가릴 것 없이 백 명 이상이 집단학살당했습니다.

주모자가 희생자 수를 두 배로 늘려서 발표한 탓에 오랫동안 이 데이르 야신 사건이 나크바에서 벌어진 집단학살을 대표한다고 여겨졌지만, 이후 연구에 따르면 그중에는 데이르 야신을 상회하는 더 큰 규모의 학살도 있었다는 사실이 밝혀졌습니다. 요컨대 본보기입니다. 팔레스타인에 남아 있으면, 이것이 너희들의 운명이다. 이런 본보기입니다.

팔레스타인 사람들은 도망쳤습니다. 남아 있으면 죽임당한다, 딸이 강간당할 것이다. 이런 공포에 사로잡혀서요.

앞서 소개한 일란 파페는 "1948년 팔레스타인 땅에서 팔레스타인인들의 신체에 일어났던 일은 말의 모든 정의에 비추어 볼 때 인종청소나 다름없다"라고 말했습니다.

이스라엘이라는 나라는 팔레스타인 사람들에 대한 이러한 폭력적인 인종청소를 바탕으로 세워졌습니다. 《쉰들러 리스트》를 비롯한 홀로코스트를 그린 할리우드 영화에서는 결코 이야기하지 않는 역사의 사실입니다.

왜 인종청소를 했을까요? "유대인에 의한 유대인을 위한 유대인의 나라"를 세우기 위해서입니다.

나크바와 같은 해에 채택된 세계인권선언에는 모든 사람은 "자국으로 돌아갈 권리를 가진다"라고 명시되어 있습니다. 또 그다음 날 유엔 총회 결의로 난민이 된 팔레스타인인들은 즉시 귀환할 권리가 있으며, 이스라엘이 이들이 고향에 남겨둔 재산을 만약 이들이 귀환하지 않을 경우에는 보상해야 한다는 결의도 채택되었습니다. 그러나 75년이 지난 지금도 그것은 실현되지 않고 있습니다. 이스라엘이 팔레스타인 난민의 귀환을 인정하지 않기 때문입니다.

여기서 강조하고 싶은 것은 시오니스트가 '유대인 국가'라고 주장하는 이스라엘이라는 나라가 아랍인이나 무슬림에 대한, 유럽인의 인종주의에 기반한 식민지주의적 침략과 폭력적인 인종청소에 의해 만들어졌다는 것입니다. 그리고 그 인종청소의 폭력은 현재에 이르기까지 형태를 바꾸어 줄곧 계속되고 있다는 것입니다.

유럽 기독교 사회에서 역사적으로 벌어진 유대인 차별과 근대의 반유대주의, 그 정점으로서 홀로코스트. 서양 사회는 이러한 죄를 팔레스타인 사람들을 희생시킴으로써 속죄해 왔습니다. 그리고 지금, 미국도 EU 4개국도, 이번 이스라엘의 공격에 찬성하고 심지어 미국은 이를 지원하고 있습니다. 서양 국가들은 여전히 그 역사적 폭력을 계속 행사하고 있습니다.

이스라엘의 아파르트헤이트

또 하나 중요한 사실인데요. 이스라엘이 아파르트헤이트 국가라는 사실입니다. 팔레스타인과 관련된 인권단체나 유엔 전문가들이 항상 주장하고 있는 것입니다.

국제 앰네스티는 이스라엘이 행하고 있는 것이 팔레스타인 사람들에 대한 아파르트헤이트(인종 격리 정책)라고 단언하고 있습니다. 인도주의에 대한 죄라면서 〈팔레스타인인들에 대한 이스라엘의 아파르트헤이트〉라는 총 280쪽 분량의 보고서를 내놓았습니다.*

남아프리카공화국(이하 남아공으로 표기)의 아파르트헤이트를 폐절하기 위해서 세계는 오랫동안 남아공을 보이콧했습니다. 남아공에는 투자를 하지 않고, 무역을 하지 않았습니다. 아파르트헤이트가 폐절될 때까지 남아공 스포츠 선수는 올림픽 등 국제대회에도 출전할 수 없었습니다.

2012년 아프리카민족회의ANC에서 개최한 이스라엘에 대한 BDS(보이콧Boycott, 투자회수Divestment, 경제제재Sanctions)를 지원하는 국제 연대회의 석상에서 독일 대표가 "이스라엘을 남아공의 아파르트헤이트에 비교할 수 없다"라고 이의를 제기했습니다. 그러자 남아공의 정치인이자 ANC 의장인 발레카 음베테는 일언지하에 반박하면서 "팔레스타인에 가 본 적이 있는데, 이스라엘이 하고 있는 짓은 남아공의 아파르트헤이트와 비교할 수 있을 뿐 아니라 그보다 훨씬 더

---

* https://www.amnesty.org/en/documents/mde15/5141/2022/en/ [검색일 2024년 8월 14일]

끔찍한far worse 것이었습니다"라고 말했습니다.*

국제 인권단체 '휴먼 라이츠 워치'에서도 《A Threshold Crossed》(넘어선 문턱)라는 보고서를 냈는데, 보고서에서 "아파르트헤이트라는 말의 정의에 비추어 볼 때, 이것은 아파르트헤이트와 다름없다"라며 유대인 지상주의를 그만두라고 이스라엘에 호소하고 있습니다.**

국제 앰네스티 보고서

즉, 과거 ANC가 남아공의 아파르트헤이트에 맞서 싸웠던 것처럼, 하마스를 비롯해 PFLP와 그밖의 가자지구의 여러 조직, 그리고 점령하의 팔레스타인 사람들은 아파르트헤이트 국가인 이스라엘과 싸우고 있다는 것입니다.

이스라엘에 의한 이러한 여러 가지 인권침해는 국제 앰

---

* https://electronicintifada.net/blogs/ali-abunimah/israel-far-worse-apartheid-south-africa-says-anc-chair-pretoria-conference-backs [검색일 2024년 8월 14일]

** https://www.hrw.org/report/2021/04/27/threshold-crossed/israeli-authorities-and-crimes-apartheid-and-persecution [검색일 2024년 8월 14일]

네스티나 휴먼 라이츠 워치, 앞서 소개한 이스라엘의 인권단체 베첼렘, 현지 팔레스타인계 인권단체 등이 매일 조사하여 세계를 향해 보고하고 있습니다. 한편으로 이스라엘 정부는 팔레스타인에 있는 인권단체 6곳을 테러 조직으로 규정하고 있습니다. 이스라엘의 인권침해 범죄를 고발하는 사람들은 이스라엘한테 테러리스트라는 것입니다. 이스라엘이 말하는 '테러리스트'가 도대체 어떤 것인지 이해하실 수 있을 것입니다.

인도적 문제가 아닌 정치적 문제

또 하나 강조하고 싶은 것은 팔레스타인 문제의 근원에 있는 이스라엘에 의한 점령, 봉쇄, 아파르트헤이트, 그리고 난민 귀환—이 모든 것들이 **'정치적인 문제'**라는 점입니다.

식민지 지배를 받고 있는 나라의 독립이 정치적인 해결을 필요로 하는 정치적 문제인 것과 마찬가지로, 팔레스타인 문제는 정치적인 문제입니다. 그러나 이스라엘은 인위적으로 가자지구에 대규모 인도적 위기를 조성함으로써 본래 정치적 문제일 것을 '인도적 문제'로 바꿔치기하고 있습니다.

흔히 가자지구를 "천장이 없는 세계 최대의 야외 감옥"이라고들 하지만, 지금 상황은 감옥 그 이상입니다. 죄수가 무차별적으로 죽임을 당하는 이런 감옥이 있습니까? 적어도 10월 7일 이후의 가자지구를 "세계 최대의 야외 감옥"이라고 말하는 것은 잘못되었습니다. 감옥에서는 이런 일이 일어나지 않아요. 이제는 절멸수용소입니다.

문제 해결에 필요한 것은 정치적 해결입니다.

하지만 이런 상황이 되면 인도적 지원을 우선시하지 않을 수 없죠. 이번에 일본도 15억 엔의 인도적 지원을 즉각적으로 표명했지만, 지금까지도 그랬습니다. 정치적 해결은 내버려두고 파괴될 때마다 복구 지원이나 인도적 원조만 하더라도, 또다시 다음 공격으로 파괴될 것입니다. 우리의 세금이 지금까지 계속 그런 식으로 쓰이고 있는 것에 대해서도 화를 내야 합니다. 수십억 엔을 지원하더라도 다음 공격이 있으면, 또다시 그것은 잔해가 되어 버리는 것입니다.

물론 지금 살아가기 위해서는 그러한 인도적 지원이 반

드시 필요합니다. 하지만 봉쇄와 점령이라는 정치적 문제와 씨름하지 않고서 팔레스타인 사람들이 불법적인 점령과 봉쇄 속에서 어떻게든 죽지 않고 살아갈 수 있도록 인도적 지원을 한다는 것은 봉쇄와 점령에 대한 공범일 뿐입니다. 그래서 정치적인 해결을 해야 됩니다.

남아공의 아파르트헤이트에 대해 세계는 인종차별을 하는 백인우월주의, 백인 정권인 남아공과는 무역을 하지 않기로 결정했습니다. 하지만 세계가 아파르트헤이트 폐절을 위해 보이콧한 남아공의 시장에서 경쟁 상대가 없는 것을 다행으로 여기고 제품을 팔아치웠던 나라가 바로 일본입니다.

노벨 문학상을 수상한 남아공의 작가 J. M. 쿳시의 소설 등을 읽다 보면 등장인물이 '도요타'를 탄다는 묘사가 나오거든요. 일부러 일본 차라는 것이 명시적으로 적혀 있습니다. 이건 정말 창피한 일 아닌가요?

2014년 일본을 방문한 네타냐후 총리와 아베 총리(당시)는 "일본과 이스라엘의 포괄적 파트너십 구축을 위한 공동성명"을 발표한 바 있습니다. 이것도 부끄러운 일 중 하나입니다.

다른 한편, 일본에서 반아파르트헤이트 운동에 종사하며

30년간 꾸준히 활동해 온 사람들도 많이 있습니다. 구체적으로 어떤 사람들이 어떠한 활동을 담당했는지는 '아프리카행동위원회'의 구스하라 아키라楠原彰 씨가 쓴 〈반아파르트헤이트 운동의 경험을 되돌아보며〉라는 글에 잘 정리되어 있습니다.*

아우슈비츠에서 살아남은 유대계 이탈리아 화학자·작가 프리모 레비는 평생 동안 유럽의 젊은이들에게 절멸수용소, 홀로코스트가 어떤 것이었는지를 계속해서 이야기하고 글을 써 온 사람입니다.

어느 날 그의 강연을 듣던 한 독일인이 강연이 끝난 후에 레비에게 찾아와 "나는 독일인인 것이 부끄럽다"라고 말했다고 합니다. 이에 대해 레비는 뭐라고 대답했을까요?

"나는 인간인 것이 부끄럽다."

그것이 레비의 대답이었습니다.

마지막으로 넬슨 만델라의 말을 소개하고 제 이야기를 마치도록 하겠습니다. "팔레스타인 사람들이 해방되지 않

---

* https://ajf.gr.jp/africanow102-anti-apartheid-movements/ [검색일 2024년 8월 14일]

는 한, 우리의 자유가 불완전하다는 것을 우리는 잘 알고 있습니다."

만델라 대통령의 이 말을 남아공 사람들 모두가 알고 있다고 합니다.

남아공은 아파르트헤이트를 폐지해서, 경제적으로 구조적 불평등이 남아 있긴 하지만, 정치적으로 1인 1표의 평등을 실현했습니다. 그러나 팔레스타인 사람들이 해방되지 않는 한, 다시 말해 인종주의와 식민주의에서 유래한 인종적 불평등의 아파르트헤이트하에서 팔레스타인 사람들이 억압받는 한, 남아공의 자유와 해방의 투쟁도 완결되지 않는다는 것입니다.

경청해 주셔서 감사합니다.

질의응답

질문: 가자지구에 대해, 팔레스타인에 대해, 지금 우리가 할 수 있는 일은 무엇일까요?

우리가 무엇을 할 수 있는가….
여러 가지를 할 수 있을 것 같아요. '할 수 있다'라고 하는 것에는, 이 상황을 바꾸기 위해 어떤 실효성 있는 일을 할 수 있는가 또 해야 할 일 중에서 무엇을 할 수 있는가, 이 두 가지가 있을 것입니다.
다만 무엇을 할 수 있는가보다는 오히려 지금 우리에겐 무엇을 '해야 하는가'가 더 중요하다고 생각합니다.
해야 할 것, 많이 있습니다. 정말 많습니다.
하나는 우선, 어쨌든 이 전쟁을 그만두게 하는 것입니다.
이스라엘이 이 공격을 그만두게 하기 위해 할 수 있는 모든 것을 하는 것입니다. 그것을 위해 목소리를 내는 것입니다.
미국 대사관 앞에 가서 항의하는 것입니다. 이스라엘 대사관 앞에 가서 항의하는 것입니다. 너희들이 하는 짓을 우리는 용납하지 않겠다는 의지를 보여주는 것입니다. 그게 굉장히 중요한 것 같아요.

지난주 이스라엘 대사관 앞에 모인 사람은 650명이었습니다. 미국 대사관 앞은 350명이었습니다. 하지만 이 숫자가 날이 갈수록 점점 더 늘어나면, 그들 역시 무시할 수 없을 거라고 생각하고 싶습니다.

그리고 일본 정부, 일본 외무성에 대해서도. 일본의 선거권을 가진 사람은 일본이 정부로서, 국가로서 하는 일에 국민으로서 책임이 있습니다. 아까도 말씀드렸지만 유엔 총회에서 일본은 이스라엘의 전쟁범죄를 재판하는 조사에 기권하고 있습니다. 그건 정말 부끄러운 일입니다. 그런 일을 못하게 하자는 겁니다.

라지 수라니 씨의 말 "어쨌든 국제법을 적용해 달라", 그것을 실현하려면 인도적 지원도 필요하지만 그것만으로는 안 됩니다. 그동안 그것밖에 해 오지 않았기 때문에 이 역사적 불의가 줄곧 계속되고 있는 거죠. 인도적 위기도 계속되고 있어요.

이를 근본적으로 해결하기 위해서는 어쨌든 정치적으로 해결하라고 목소리를 높여야 합니다. 일본이 "이스라엘과의 포괄적 파트너십 구축을 위한 공동성명"을 체결하면, 그것에 항의하는 겁니다. 철회를 요구하는 거죠.

정치적 해결에는 무관심하고, 이 불의를 방치하고, 재건 지원만 하고, 그것이 다음번 공격으로 잔해가 되어 버리는 일을 반복해 온 것. 그러한 형태로 세금을 낭비해 온 것에 대해서 책임을 추궁하는 것입니다.

이 밖에도 여러 가지가 있습니다만, 가장 기본적인 것은 역시 올바르게 아는 것입니다. 우선은 제대로 알아야 합니다.

그리고 주변 사람들에게 알려 주세요. 어떤 형태든 상관없습니다.

또 인터넷에는 매우 이성적이고 균형 잡힌 기사들이 있습니다만, 그것은 중립적이라는 뜻이 아닙니다. 이 상황에서 '중립'이라고 말하는 것은 학살하는 쪽에 가담하는 것이라고 저는 생각합니다.

전달해야 할 정보가 영어 매체에 많이 있습니다. 2014년 51일간의 전쟁이 일어났을 때, 7, 8월에 저는 매일 그런 기사를 골라 일본어로 번역해서 메일링 리스트에 올렸습니다. 일본의 경우 링크를 걸어 놓는 것만으로는 안 되고, 번역해서 요점을 설명하는 해설을 달아야만 알아듣기 때문입니다. 최대한 많은 사람들이 기사를 접하면 좋겠다고 생각해서, 짧은 기사를 항상 두세 편 골라서 번역했습니다.

지금도 귀중한 정보가 너무 많아서 다 못 따라잡을 정도입니다. 앞서 소개한 국제 앰네스티 보고서 등 다양한 단체의 보고서 등도 꼭 읽어 보시기 바랍니다.

요컨대 요점은 '이스라엘이란 무엇인가'입니다.

이스라엘은 막대한 국가 예산을 투입해 세계적 규모로 시민사회를 상대로 선전을 하고 있습니다. 이를 공공외교 Public Diplomacy라고 합니다. 외교는 보통 외교관끼리, 국가끼리 정부 차원에서 하는 거죠. 그러나 이스라엘은 전 세계 시민들을 겨냥해 자국의 국익에 도움이 되는, 가짜 정보도 포함한 정보를 많이 홍보하고 있습니다. 이를 위해 특별한 기관을 만들어 국가 예산을 투입하고 있습니다.

미국의 블링컨 국무장관은 지난 10월 이스라엘을 방문해 "나는 오늘 여기에 유대인으로서 왔습니다"라고 말했습니다. 이스라엘이 공격받은 것을 마치 그들이 유대인이기 때문에 공격당한 것처럼 반유대주의, 홀로코스트의 맥락에 자리매김한 것입니다. 이것은 이스라엘 측의 선전입니다.

이럴 때 우리가 할 수 있는 일, 해야 할 일은 지금 팔레스타인에서 점령으로부터의 해방을 요구하는 사람들이 싸우고 있다는 것, 그것이 역사적으로 계속되어 온 투쟁이라는 것을 확실히 알리는 것입니다.

특히 주류 언론에서 이를 보도하지 않기 때문에 SNS 등을 이용해서 널리 퍼뜨리는 것이 굉장히 중요하다고 생각합니다. 어제 NHK 스페셜에서는 문제의 근원과 마주해야 한다는 점까지는 말했지만, 그렇다면 그 문제의 근원이 무엇인가에 대해서는 애매한 채로 끝났습니다.

문제의 근원은 정착민에 의한 식민주의입니다. 여기서 묻게 되는 것은 식민주의적 침략의 역사를 어떻게 마주할 것인가 하는 것입니다. 그것은 일본 역사의 문제, 일본에 사는 우리의 문제이기도 합니다. 그래서 주류 언론은 거기에 발을 들여놓지 않습니다. 일본은 이런 점에서도 이스라엘과 역사적인 공범 관계, 동맹 관계에 있습니다.

줄리아노 메르 카미스Juliano Mer-Khamis라는 팔레스타인 배우에게서 들은, 잊을 수 없는 말이 있습니다. 그가 2005년 일본을 방문했을 때 교토의 우토로 지구를 안내해 주었습니다. 우토로는 아시아 태평양 전쟁 중 국책에 의한 군사 비행장 건설을 위해 조선 출신 노동자들이 모여든 곳입니다. 전쟁이 끝난 후, 갈 곳이 없는 재일교포들이 그곳에 남게 되었는데, 거품경제 시절 그 땅이 어느새 부동산 업자에게 재매각되어 주민들에게 땅의 명도를 이전하라는 소송이 벌어져 주민들의 패소가 확정되었습니다. 우리가 방문한 것은 언제 강제집행이 이루어져도 이상하지 않을 무렵이었습니다.

줄리아노 씨는 그런 우토로에서 주민들이 그곳에 계속 머물기 위해 투쟁하는 모습을 보고 "우리 난민촌에서 난민 1세, 2세 할머니들이 투쟁하는 것과 같네요"라고 했습니다. "동아시아 땅에서 우리와 같은 투쟁을 하고 있는 사람들이 있다는 것은 우리에게 용기를 주고 격려가 됩니다"라고 말했습니다.

우리가 할 수 있는 것. 또 다른 하나는 우리는 우리로서, 이 일본에서 지금도 계속되는 식민주의에 맞서 싸우는 것입니다.

일본에도 인종주의, 혐오가 있습니다. 하마스=테러리스트로 간주하는 것과 조선학교를 적대시하는 것은 정말 똑같은 구조입니다. 우리가 우리의 투쟁을 제대로 하는 것도 팔레스타인과 연대하는 것으로 이어집니다.

질문: 무관심한 사람들에게는 어떻게 다가가면 좋을까요?

지금, 이 상황에서, 이렇게 문제를 한정한다면, 우선 관심을 가질 법한 사람들에게 먼저 다가가는 것이 좋겠다고 생각합니다.

이 상황에서 무관심한 사람들이 있다는 것은 힘든 일입니다. 힘들지만, 관심이 없는 사람들에게 관심을 갖게 하는 것은, 이 공격이 끝나고 나서 해도 좋습니다. 지금은 어쨌든 한시라도 빨리 정전을 실현하기 위해 시간과 체력 등 가용한 자원을 모두 효율적으로 투입해야 합니다. 그 한정된 자원을 가지고 관심은 있으나 무엇을 해야 할지 모르는 사람, 어디에 어떻게 연결해야 할지 모르는 사람, 그런 이해해 줄 수 있을 법한 사람들로부터 시작하는 것이 좋다고 생각합니다.

질문: 팔레스타인 문제를 이번까지 전혀 몰랐습니다. 앞으로 어떻게 배우면 좋을까요?

저도 처음엔 아무것도 몰랐어요. 중고등학교 때부터 홀로코스트에 관심이 있어서 대학교 아랍어학과에 들어갔는데 "유대인들이 홀로코스트에서 살아남아 모처럼 팔레스타인에 자기 나라를 만들었는데 아랍인들이 유대인에 대한 증오로 공격한다"라는, 그런 시각으로 문제를 바라보고 있었습니다. 그러던 중 아까 강연에서도 소개해 드렸던 팔레스타인 작가 가산 카나파니의 작품을 만나면서 팔레스타인에 대해 알게 되었고, 더 깊이 있게 배우게 되었습니다.

팔레스타인을 통해 저는 일본의 식민주의 문제를 만났습니다. 일본인 가정에서 평범하게 공부하고 대학까지 가서 역사 수업에서 식민지 지배에 대해 배우기는 했지만, 그것이 도대체 무엇을 의미하는지 전혀 이해하지 못했습니다. 팔레스타인을 만나면서 저는 처음으로 조선 식민지 지배의 문제, 재일교포의 문제, 오키나와의 문제, 아이누모시리アイヌモシリ의 문제 등을 알게 되었습니다.

처음에는 아무것도 모를 수 있어요. 그래서 조금씩 배워나가는 것을 계속하면 된다고 생각합니다.

그런데 굉장히 어렵죠. 아까 말씀드렸듯이 이스라엘은 공공외교로 여러 가짜 뉴스, 대항 정보를 퍼뜨리고 있습니다. 그러면 "이쪽은 이렇게 말하고 저쪽은 이렇게 말한다. 하지만 나는 어느 쪽이 옳은지 판단할 수 없다. 그러니까 아무 말도 하지 말자. 틀린 말을 하고 싶지 않으니까"라는 식이 되어 버립니다. 이스라엘 입장에서는 그것으로 충분합니다. 팔레스타인 편에 서는 발언을 못하게 하면 그것으로 성공인 거죠.
그러니까 역시 알아보는 것부터입니다. 모르겠으면 언제든 물어 보세요.

질문: 이스라엘이 이렇게 계속 공격하는데도 왜 미국은 이스라엘을 지원할까요?

이스라엘이라는 나라를 지원하고 경제 원조하는 나라는 미국입니다. 아마 많은 분들이 미국이 왜 이렇게까지 이스라엘을 지원하느냐고 생각하실 겁니다. 예전에는 이 정도는 아니었어요.
미국은 이스라엘에 굉장히 많은 대외 원조를 하는데, 그 다음 나라는 이집트입니다. 이스라엘과 이집트가 미국의 대외 원조 가운데 절반을 차지하고 있습니다.
왜 이집트인가 하면, 요컨대 이집트가 이곳에 있고, 이스라엘과 동맹을 맺고 있기 때문입니다. 그것이 30년에 걸친 이집트 무바라크 독재정권을 지탱해 왔습니다.

다만 보통은 돈을 내는 스폰서가 더 강하죠. 스폰서가 안 된다고 하면, 더 이상은 움직일 수 없을 겁니다. 어느 시점까지만 해도 미국과 이스라엘의 관계도 그랬습니다. 그런데 미국의 친이스라엘 정치단체(이른바 이스라엘 로비)가 미국 국내 정치에서 매우 큰 힘을 갖게 되었습니다. 여담이지만 이럴 때 '유대인 로비'라는 말은 쓰지 않는 게 좋습니다. 왜냐하면 지난 10월 미국 의회 점거를 촉구한 단체 '평화를 위한 유대인의 목소리Jewish Voice for Peace'처럼 시오니즘을 반대하는 유대인들도 많이 있고, 그들도 로비를 하고 있기 때문입니다. 다만 그런 사람들은 좌파이고 돈이 없습니다. 인구상으로는 반반 정도지만 이스라엘을 지원하는 유대인이나 기독교인은 엄청난 자본을 가지고 있습니다. 어느 순간부터 이 사람들을 적으로 돌리면 선거에서 '당선될 수 없는' 상황이 만들어졌습니다.

예를 들어 오바마 대통령이 민주당의 대통령 후보로 선출됐을 때, 첫마디가 "나는 이스라엘의 생존권을 지지합니다"였습니다. 그렇게 말함으로써 나는 이스라엘의 편입니다라고 선언한 것입니다. 그러자 친이스라엘, 친시오니즘 단체에서 거액의 기부금이 들어왔습니다.

2014년, 이스라엘의 가자지구 공격 때 전 세계가 반대했습니다. 하지만 그 와중에 미국 상원은 이번과 마찬가지로 이스라엘에 대한 추가 무기 공여를 하기로 결정했습니다. 그것도 만장일치로요. 누구 하나 반대하지 않았습니다. 한 명이라도 반대하는 사람이 있었으면 좋았을 텐데 말입니다. 급진 좌파라 일컬어지는 버니 샌더스도 찬성표를 던졌습니다.

거기서 반대하면 다음 선거에서 지지를 받지 못하고 낙선하기 때문입니다. 모든 것이 국내 선거전의 연장선상에 있는 거죠. 같은 2014년 뉴욕 시의회 선거에서는 이스라엘의 가자지구 공격이 계속되는 가운데 출마한 사람들이 "우리는 이스라엘을 지지한다"라는 집회를 열었습니다. 일본으로 말하자면, 선거에서 이기기 위해 '가가호호 방문형 선거'라고 해서 집집마다 하나하나 돌아다니면서 머리를 숙여 악수를 하죠. 미국 선거에서도 돈이 없으면 자원봉사자가 집집마다 일일이 전화를 돌리는 식으로 일을 합니다.

그렇지만 친이스라엘 단체를 자기 편으로 만들면, 돈도 모이고 효과적으로 선거전을 전개할 수 있습니다. 그들을 적으로 돌리면 당연히 대통령도 될 수 없고, 상원의원도 될 수 없는 구조가 만들어져 버린 것입니다. 그것이 하나의 큰 이유입니다.

그래서 저는 시오니즘의 공격으로 죽어 가는 팔레스타인 사람들이 물론 정말로 안타깝지만, 더 이상 아무도 막을 사람이 없어지고 바로 휴머니티를 스스로 포기하는 것과 같은 일을 이스라엘의 많은 사람들이 하고 있다는, 타인의 고통이라는 것을 모르는 상황이 되어 버렸다는 점, 그 점이 굉장히 슬픕니다. 누군가 멈추게 해서, 이 사람들이 더 이상 죄를 짓지 않게 했으면 좋겠습니다.

질문: BDS 운동에 대해 자세히 알려 주세요.

감사합니다. BDS는 이스라엘에 대한 보이콧Boycott, 투자철회Divestment, 경제제재Sanctions를 뜻합니다.

이것은 제2차 인티파다 때 점령하의 팔레스타인 시민들이 만든 풀뿌리 운동으로, 남아공의 반아파르트헤이트 운동을 모델로 하고 있습니다. 이것은 실효성이 있는 운동입니다. 미국에서는 몇몇 도시와 주에서 BDS가 불법이라는 법안이 통과되어 조례가 만들어지기도 했습니다. 유럽에서도 5년 정도 전에 독일 연방의회가 BDS를 불법화했습니다. 이스라엘은 BDS를 주장하고 호소하고 주창하는 그런 단체, 개인의 입국을 거부하고 있습니다.

이처럼 지금 세계의 정부들을 보면 굉장히 반동화되어 있습니다만, 반대로 그 속에서 시민들이 BDS를 열심히 하고 있습니다.*

저는 BDS를 점점 더 많이 해야 한다고 생각합니다. 아까 "무관심한 사람에게는 어떻게 해야 하는가요?"라는 질문이 있었는데요. 이스라엘의 유대계 시민들 중 상당수는 팔레스타인 사람들이 아무리 고통스러워해도 별로 관심도 없고 자신들만 무사히 잘 생활할 수 있으면 그만이라고 생각하는, 비정치적인 사람들이기도 합니다.

하지만, 예를 들어 지금 이스라엘의 아파르트헤이트 체제에 반대의 목소리를 내지 않으면, 그런 자신도 영향을 받게 되어 버리는 거죠. 예를 들어 연구자라면 국제 학회에 나갈 수 없게 되고 운동선수라면 국제 대회에 나갈 수 없게 되는 거에요. 그렇게 되면 이들도 관심을 가지고 목소리를 내게 되지 않을까요?

그래서 역시 BDS가 효과적인 형태로 이루어졌으면 좋겠

---

* [옮긴이] 한국에서는 https://bdskorea.org 웹사이트에서 관련 정보와 가이드북을 내려받을 수 있다.

다고 생각합니다. 일본에도 BDS Japan Bulletin을 시작으로 BDS Tokyo나 BDS간사이 등의 단체가 활동하고 있습니다.

* * *

(출입국 문제를 다루고 있다는 참가자의 발언에 따라)

조르조 아감벤이라는 이탈리아 철학자가 《호모 사케르: 주권 권력과 벌거벗은 생명》(타카쿠와 카즈미 옮김, 이문샤[한국어판: 박진우 옮김, 새물결])이라는 책을 썼습니다. '호모 사케르 homo sacer'란, 직역하면 '성스러운 인간'입니다. 고대 로마법이 정하는 특수한 죄인을 가리키며, 죄를 묻지 않고 죽일 수 있고 또 그 사람이 죽었다고 해서 그 죽음이 성스러운 것으로 간주되지 않는, 그런 존재입니다. 아감벤은 호모 사케르를 '벌거벗은 생명 la nuda vita'이라고 말합니다. 즉, 인간은 본래 정치적인 존재·주체이지만 호모 사케르는 그렇지 않고 '그저 살아 있는' 생물, 그러한 존재로 환원되어 버린 '벌거벗은 생명'이라고 합니다. 아감벤이 예로 든 것은 절멸수용소에 갇힌 유대인 등입니다. 특별히 그들을 죽였다고 해서 죄가 되는 것도 아닌, 그런 존재입니다.

그러나 가자지구의 팔레스타인 사람, 요르단강 서안지구의 팔레스타인 사람, 혹은 일본으로 말하면 출입국관리소의 수용시설에 있는 외국인 수용자들도 벌거벗은 생명=호모 사케르라고 말할 수 있을 것입니다. 일본에 와서 정식 체류 자격이 없어서 법의 틈새에 놓여 있는, 국가의 보호를 받지 못하는 존재. 그들이 출입국관리소에서 처한 상황과 이스라엘 점령하에서 자신을 지켜 줄 나라가 없는 현 상황은 똑같다고 생각합니다.

팔레스타인을 생각하면 그런 게 다 연결이 돼요. 출입국관리소 문제를 생각하는 것이 팔레스타인과 연대하는 일이기도 하다고 생각합니다.